Samiya Bilgin

Auch wenn sie fast gestorben sind …
sie leben dennoch heute

Das eigene Leben im Spiegel der Märchenbilder erkennen und heilen

Copyright: © 2019: Samiya Bilgin
Die entnommenen Märchen stammen von https://de.wikisource.org
Illustrationen und Titelbild: © 2019 Samiya Bilgin
Lektorat: Erik Kinting – www.buchlektorat.net
Umschlag & Satz: Erik Kinting

Verlag und Druck:
tredition GmbH
Halenreie 40-44
22359 Hamburg

978-3-7497-5870-8 (Paperback)
978-3-7497-5871-5 (Hardcover)
978-3-7497-5872-2 (e-Book)

Das Werk, einschließlich seiner Teile, ist urheberrechtlich geschützt. Jede Verwertung ist ohne Zustimmung des Verlages und des Autors unzulässig. Dies gilt insbesondere für die elektronische oder sonstige Vervielfältigung, Übersetzung, Verbreitung und öffentliche Zugänglichmachung.

Bibliografische Information der Deutschen Nationalbibliothek:
Die Deutsche Nationalbibliothek verzeichnet diese Publikation in der Deutschen Nationalbibliografie; detaillierte bibliografische Daten sind im Internet über http://dnb.d-nb.de abrufbar.

*Meinen Ahnen und meinem
Sohn Leonidas gewidmet*

Die Autorin

Märchen waren schon immer wichtig für Samiya Bilgin. Sie wollte lesen lernen, um Märchen lesen zu können. Später hatten Prüfungen, Bilder, Zusatzausbildungen immer das Thema *Märchen*. Heute ist sie dankbar für diesen großen Märchenschatz in ihr. Sie freut sich, dass sie Märchen erzählen und mit Märchen Menschen helfen kann, ihr Leben zu weiten.

Mit diesem Buch möchte sie dazu beitragen, dass Menschen lernen können, in ihrer Zeit, an ihrem Ort, auf ihre Weise mit Märchen zu arbeiten.

Inhalt

Vorwort: 7

1 **Lebensmärchen** 9
   1.1 Der Wolf und die sieben jungen Geißlein (KHM 5) 10
   1.2 Brüderchen und Schwesterchen (KHM 11) 13
   1.3 Die weiße Taube (1812) 16
   1.4 Fitchers Vogel (KHM 46) 22
   1.5 Jorinde und Joringel (KHM 69) 28
   1.6 Von dem Machandelboom (KHM 47) 34

2 **Märchen im Leben** 39
   2.1 Einkehrmärchen: 39
      2.1.1 Impulse: 40
      2.1.2 Einstimmung: 40
      2.1.3 Rapunzel (KHM 12) 45
      2.1.4 Das Mädchen ohne Hände (KHM 31) 52
      2.1.5 Dornröschen (KHM 50) 62
      2.1.6 Allerleirauh (KHM 65) 68
   2.2 Heilungsmärchen: 76
      2.2.1 Impulse: 76
      2.2.2 Einstimmung: 76
      2.2.3 Die sieben Raben (KHM 25) 81
      2.2.4 Die sechs Schwäne (KHM 49) 87
   2.3 Verwandlungsmärchen: 97
      2.3.1 Impulse: 97
      2.3.2 Einstimmung: 97
      2.3.3 Hans mein Igel (KHM 108) 100
      2.3.4 Das Eselein (KHM 144) 112

3	Biografiearbeit mit Märchen:	119
3.1	Impulse:	119
3.2	Einstimmung:	119
	3.2.1 Zu den Übungen	122
	3.2.2 Meditation als Einstimmung in jede Vertiefung:	124
3.3	Eröffnungsfragen: Wegbegleitung zum eigenen Lieblingsmärchen	125
3.4	Vertiefung: Märchen lüften ihre Bilder	127
3.5	Vertiefung: Märchenbilder werden mit Lebensbildern verknüpft	130
3.6	Vertiefung: Schritte des Märchens sind Schritte des Lebens	132
3.7	Die Schritte im Märchen und im Leben:	132
	3.7.1 Der Ursprung	132
	3.7.2 Die Veränderung	133
	3.7.3 Die helfenden Kräfte	134
	3.7.4 Die Häutung	136
	3.7.5 Der innere Frieden	137
	3.7.6 Mut zur Verantwortung	138
	3.7.7 Dank	139
3.8	Vertiefung: Lebens- und Märchenläufe sind Wege in die Eigenverantwortung	139
3.9	Übung: Ordnung der inneren Anteile herstellen	140
3.10	Übung: Fantasiereise zur Begegnung mit dem Inneren Selbst erleben	141
3.11	Übung: Kontakt mit den Märchenfiguren aufbauen	144
3.12	Übung: Märchen als innere Seelenbilder erkennen	145
3.13	Übung: Allüberall sind Helferkräfte	146
4	**Nachwort und Dank**	**148**
5	**Literaturliste**	**151**

Vorwort:

Es war einmal ... So beginnen viele Märchen, so beginnt mein Buch. Wie die Märchen mit diesem Anfang weit, weit in die Vergangenheit reichen, dorthin, wo Zeit nicht bestimmt wird, so möchte ich mit diesem Buch die Leserinnen und Leser tief, tief in ihr Herz und in ihr Fühlen begleiten, dorthin, wo all die Bilder der Vergangenheit, die Eindrücke, Gefühle und Erfahrungen ruhen, toben, weinen, bangen.

Es ist ein Erfahrungsbuch. Ich durfte als Beraterin Erfahrungen mit meinen Klientinnen und Klienten sammeln, als Lernende in meinem eigenen Leben Erinnerungen, Bilder, Gefühle verstehen und Märchen als treue, weise und sehr liebevolle Begleiter kennenlernen. Ich durfte mit, in und an Märchen wachsen. Dieses große Geschenk möchte ich weiterreichen.

Es ist ein Buch über und mit Märchen über das Leben. Der rote Faden ist ein Märchen- und Lebensfaden auf der Spule der Zeit. Das Buch ist in drei Teile gegliedert.

Der erste Teil gibt anhand meines eigenen Lebens Einblick in die Verbindung zwischen Märchenbildern und Lebensbildern. Dieser Teil lädt die Leserinnen und Leser ein, mit der Verknüpfung der Bilderwelten *Märchen* und *Leben* vertraut zu werden.

Der zweite Teil ordnet die Märchen- und Lebensbilder. Hier werden die Märchen in Gruppen gefasst, die an das Erleben und Wahrnehmen, Sortieren und Annehmen von Erfahrungen angelehnt sind. Es sind die Erfahrungs-, Heilungs- und Verwandlungsmärchen. Wir alle leben unser Leben, sammeln Erfahrungen, und je nach Qualität (Traumata, Schmerzen, Glücksgefühle, Liebe) legen wir diese in uns so ab, dass ein Überleben möglich ist. Jene Erfahrungen, die wir einst abspalteten, ins Schattenreich in uns verdammten oder in tiefe Seelenkeller verstießen, rufen nach Heilung. Wenn wir den Heilungsweg mit oder ohne beratende Begleitung gehen, geschieht in uns eine Verwandlung. Wir verändern uns, reifen, setzen andere Prioritäten, werden freier, heilen.

Der dritte Teil hält eine Fülle von Möglichkeiten der Kontaktaufnahme mit den Märchen und den dunklen Bereichen des eigenen Lebens bereit.

Es werden Einstimmungen, Meditationen, Vertiefungen und Übungen angeboten, die alleine oder in einer Gruppe durchführbar sind. Diese Angebote dienen als Geländer oder Wegweiser auf dem Pfad durch das eigene Leben und in die Märchen.

Da das Buch ein Lebens- und Märchenbuch ist, ist es in seiner Sprache und Bildhaftigkeit sehr verdichtet. Um den Leserinnen und Lesern das Einlassen auf die Bilder zu erleichtern, habe ich das, was ich zeigen möchte, in Abschnitte gegliedert. Diese dienen als Pausenangebot, als Einladung innezuhalten und den Bildern oder Gedanken nachzusinnen. Erst das, was sich in Ihnen, liebe Leserinnen und Leser, ablegen kann, was in Sie übergehen darf, kann zu Ihrem Entwicklungsweg beitragen.

Zur Vertiefung meiner Ausführungen ist es hilfreich, die gesammelten Kinder- und Hausmärchen (KHM) der Brüder Grimm aus dem Jahr 1857 parat zu haben. (Zur einfachen Handhabung eignen sich die beiden Bände von Reclam Nr. 3191 und 3192: *Brüder Grimm Kinder- und Hausmärchen*.) Die aufgeführten Märchen im ersten Teil sind nicht abgedruckt, da diese Märchen (nur) für meine Biografie bedeutsam waren und sind. Die Märchen im zweiten Teil sind abgedruckt, sodass die Impulse, die ich anbiete, nachvollzogen werden können. Eine grafische Arbeit von mir rundet jedes Märchen ab. Alle Märchen in diesem Buch stammen aus der Sammlung der Brüder Grimm von 1857.

Jetzt wünsche ich allen meinen Leserinnen und Lesern ein geschütztes und begleitetes Wandern durch den eigenen Lebensweg und in die Welt der Märchen, sodass Sie sich selbst verstehen, annehmen und lieben sowie mit Zuversicht in Geborgenheit leben können.

Ihre

Samiya Bilgin, Oktober 2019

1 Lebensmärchen

Als ich noch jung war, liebte ich Märchen. Mein ganzes Leben lag noch vor mir und all die erlebten Bilder meiner heutigen Biografie waren noch unbekannt, da sah ich schon die Märchenbilder vor meinem inneren Auge. Meine Großmutter, eine strenge aber sehr liebevolle Frau, erzählte mir die Märchen der Brüder Grimm oder las sie mir vor. Sie lebte mit meinem Großvater in einem kleinen Häuschen, das schmal, aber dreistöckig war. Eine schwere Holztreppe mit robustem Holzgeländer führte von einem Stockwerk ins nächste. Nur den dunklen, düsteren Keller erreichte man über eine schwarze Steintreppe. Im obersten Stockwerk, direkt unter dem Dach mit einem kleinen schrägen Dachfenster, auf dem bei Regen die Wasserperlen tanzten, war ein großes Bett. Dunkles Holz umrahmte seidene, mit Daunen gefüllte Kissen. Am Kopf- und Fußende waren große geschnitzte Reliefarbeiten in schweren Holzplatten. Es war ein Wolkenbett. Ich erlebte es als feierlich und außergewöhnlich, wenn ich dort schlafen durfte. Dann schaute ich lange in die Nacht und träumte mich in Himmelsferne und Fantasietiefe.

Diese Abende gab es nicht oft, denn meistens war ich zusammen mit meinen drei älteren Geschwistern bei den Großeltern. Dann schliefen wir alle auf einem Bettlager im Keller, wo ich mich ängstigte und daher sehr unwohl fühlte. An den Abenden im Wolkenbett war es auch, dass meine Großmutter mir die Welt der Märchen eröffnete. Sie saß mit ihrer Schürze, zum Schutz gegen Flecken der täglichen Arbeit, am Bettrand, richtete ihren Haarknoten, nahm meine Hand oder streichelte mir über das Gesicht und begann den Bilderschatz eines Märchens zu lüften. Es war mir leicht, in diese Welt einzutauchen.

Ein Märchen wollte ich wieder und wieder hören. Obwohl ich es zur damaligen Zeit nie zu Ende hören konnte, denn Tränen und Schluchzen verhinderten das Weitererzählen, begab ich mich doch mutig immer wieder an die Stelle der Verzweiflung und Ausweglosigkeit. Es war das Märchen *Der Wolf und die sieben jungen Geißlein*.

1.1 Der Wolf und die sieben jungen Geißlein (KHM 5)

Geduld und Mut zum nächsten Lebensschritt

Da ich in unserer Familie das jüngste Kind war und meine Mutter alleinerziehend, war ich sofort mit dem kleinsten Geißlein verbunden. Auch wir Kinder mussten oft alleine zu Hause bleiben, während unsere Mutter ihren außerhäuslichen Pflichten nachging. Und weil sie – wie jede Mutter – ihre Kinder liebte, erzog sie uns mit Schreckensbildern, Angst und Ratschlägen, die vor Gefahren schützen sollten. Natürlich – wie alle Kinder – wollten wir nachahmend alles befolgen und erlebten die Ratschläge als untauglich. Die Welt meiner Mutter war ihre Welt. In dieser Welt mit Krieg, Bombenangriffen, Hunger und Einsamkeit wurde sie groß und aus dieser Welt stammten die Ratschläge, die ihr geholfen hatten, zu überleben.
Aber die Welt der Kinder ist eine andere. Erwachsene tun weder sich noch den Kindern einen Gefallen, wenn sie ihnen die Welt als gefährlich und bedrohlich beschreiben. In meiner Arbeit als Beraterin von Eltern und Kindern muss ich viele Angstbilder von Eltern kennenlernen und unsichere, panische Kinder erleben, denen Lust, Freude, Kraft und Mut fehlen, dem Leben zu begegnen.
Weil Kinder transparent sind und zeigen, woher sie die Impulse zu Handlung erhalten haben, gestanden die Geißlein im Märchen, dass sie die Türe nicht aufmachen wollten, weil die Stimme rau und die Pfote schwarz waren. Weil Menschen sind, wie sie sind, sind Erwachsene für Kinder keine helfenden Kräfte, denn sie retten die eigene Haut, das eigene Leben, die eigene Welt. Sie schauen auf jenes Bild, das sie sich selbst von der Welt gemacht haben, in dem sie sich eingerichtet haben. Immer sind Kinder auf ihren Weg, ihre Erfahrungen und ihre Nöte und Ängste geworfen. Immer sind Erfahrungen neu und einzigartig.
Der Wolf drang in das Heim der Geißlein ein. Er riss die Tür zum selbstständigen Leben auf, bat nicht heraus, sondern drang hinein. All die alltäglichen Helfer – Bett, Tisch, Ofen, Schrank, Waschschüssel – wurden durcheinander geworfen. Die Gegenstände der Riten, Leben zu nähren,

zu reinigen, zu schützen, zu wärmen, flogen dahin und dorthin. Allein der Zeitgeber, die Uhr, hielt sein Versprechen: *Das Leben geht weiter, die Lebenszeit ist für keinen vorbei, Vertrauen und Zuversicht dürfen die neuen Wegerfahrungen pflastern.*

Aus der Unordnung, Zerstörung und damit der Untauglichkeit der Helfergegenstände verfielen sechs von sieben Kindern in den Schlaf, die Ohnmacht, nochmals ganz zurück in den Bauch, um neu geboren zu werden. Eine andere Mutter wählten sie für diese Neugeburt. Eine Mutter, die Schläue, List, Zielstrebigkeit und Schnelligkeit vertrat, jene Tugenden, die noch heute gekannt werden müssen, um im gesellschaftlichen Leben mit all seinen Ausrichtungen auf Wirtschaft, Konkurrenz, Bewertung und biografischer Geradlinigkeit, den eigenen Platz finden und gestalten zu können. Es ist der Wolf, der sein Leben hingibt, damit die Geißlein in die Freiheit und in den Lebensmut gelangen können. Er gibt sich ganz, wie es eben die Wölfe tun, denn er lehrt: »*... die sozialen Strukturen einzuhalten, gesellig und zärtlich zu sein und dabei unabhängig und frei zu bleiben ...*«[1]

In diesem Bauch wuchsen sechs Geißlein zur Neugeburt heran, während das kleinste, das siebte Geißlein, im Uhrenkasten zitterte. Es ist manchmal im Leben so, dass nur noch die Geborgenheit in der Zeit, im Trost des Weitergehens, im Ticken der Lebensuhr (oder im Lauschen auf den Herzschlag der Mutter) den Mut spendet, nicht zu sterben. Das Leben hängt am seidenen Faden der Zeit. Es sind keine Bilder des Weitergehens, keine Sicherheit, keine Anhaltspunkte und Begleiter in sich, es ist nur die Zeit, die ohne Erschütterung weiterläuft, ein Halt.

An dieser Stelle flossen bei mir als Kind immer die Tränen. Da weinte und klagte ich, sodass Großmutter im Erzählen innehalten musste. All ihre klugen, beschwichtigenden, Trost reichenden Worte drangen nicht zu mir, denn ich musste viele Nächte, Träume, Tage angstvoll und einsam im Uhrenkasten meines Lebens verbringen. Erst als meine Seele

---

[1] Meyer, R., *tierisch gut*, 9. Aufl. 2014, S. 136

bereit war zuzulassen, dass mein Leben mehr anbietet als das Verrinnen von Zeit, konnte ich den weiteren Verlauf des Märchens zulassen. Bis in den Uhrenkasten hinein war ich das kleinste Geißlein, waren die Bilder im Märchen meine Lebensbilder, war meine Seele im Märchen abgebildet, hatte die Seele ihren Abdruck, ihr Symbol im Märchen erhalten. Weiter konnte meine Seele sich noch nicht spiegeln, denn es war noch kein inneres Bild für Erlösung, Befreiung, für eine *gute Mutter* da.

Ich war wohl Jahre älter, denn ich weiß, dass ich – schon Schulkind – das Märchen selbst zu Ende las. Die Geißenmutter kam wieder. Die Unordnung und Stille ließen sie erfahren, dass ihre Ratschläge keine schützende Kraft waren. Aus der Geißenmutter verwandelte sie sich in eine *gute Mutter*, eine Mutter des Lauschens, der Intuition, der Beobachtung und Tat. Dieser Mutter war das siebte Geißlein ein Helfer. Es holte geschwind Schere, Nadel und Zwirn, reichte der Mutter das Werkzeug, um die Geschwister ans Licht der Welt zu bringen, wurde eine helfende Hand der Hebamme. Der Bauch wurde geschnitten, getrennt, geöffnet, das Leben sprang heraus und er wurde gefüllt und genäht.

Wir müssen in unserem Leben trennen, aufschneiden, Wunden aufreißen, damit sie gereinigt werden können, wir müssen Türen öffnen und Leben einlassen, Fenster für Licht und Luft aufmachen, wir müssen Gedanken zerschneiden, Logikfäden abschneiden, um mit unserem eigenen Lebensplan das Leben gestalten zu können. So können wir aus der Tiefe der Seele fein flüsternde Stimmchen des Lebensrufes hören.

Da sprangen die Geschwister aus dem Bauch. Alle füllten ihre schweren Steine des Lebens in den Wolfsbauch hinein, nähten zu, versiegelten den Ort, dem sie die Sorgen, Nöte und Probleme überließen, und tanzten freudig draußen in der Natur, am großen Baume dem Leben entgegen. Einen Reigentanz vollführten die Geißlein um den Brunnen des Lebens, hielten sich alle an den Händen. Da gab es keine Hierarchien mehr, da gaben sich Mutter und Kinder der Trance des Lebens, dem Tanz um den Brunnen, dem Reich der Tiefe hin und lachten. Welch schöner Lebensmut.

Als ich Schülerin wurde, führte mein täglicher Schulweg an einem Brunnen vorbei. Im kühlen Schatten mehrerer Lindenbäume plätscherte das

Wasser aus einem verzierten Eisenrohr. Dies ragte aus einem Sockelstein heraus, der ein lebensgroßes Reh aus Bronze trug. Liebevoll, wehmütig und sehr friedlich schaute das Reh jeden Verweilenden an. Am Brunnenrand sitzend, dem Wasserspiel lauschend und den Blick des Rehleins fühlend, verbrachte ich so manche Stunde und spürte Ruhe und Frieden. Während die anderen die Schulbank drückten, saß ich dort und lauschte innen und außen. Da saß ich und versank.

1.2 Brüderchen und Schwesterchen (KHM 11)

Der Lebensschritte sind es gar viele

»Brüderchen nahm sein Schwesterchen an der Hand...« So beginnt ein Märchen, so begann mein Schulleben. Ich hatte auch einen Bruder. Die Zeiten unserer Kindheit waren nicht immer optimal. Oft wünschte ich mir, jung wie ich war, seine Hand in meiner und uns fort aus der Schwere. Ich hatte nicht mehr als meine Traurigkeit und hoffte so auf seine Aktivität, der ich passiv einfach folgen durfte, wie das Schwesterchen im Märchen. Das Mädchen folgte dem Jungen. Sie nächtigten in einem hohlen Baum. Wie gut kannte ich die *Baumstunden*, denn nahe unserer *Mutterwohnung* thronte eine alte Eiche mit einem solch dicken hohlen Stamm, dass ich dort häufig Unterschlupf fand. Im Märchen erhielt das Schwesterchen im Baum die Ohren, mit denen sie dem Brunnenwasser lauschen konnte. Sie hörte die warnende Stimme des Wassers, dass der Trinkende zu Tiger, Wolf oder Reh werde. Sie bat, flehte ihren Bruder an, er möge seinen Durst bezähmen, ertragen, nicht stillen. Sie ahnte die Veränderung, blieb mutlos und richtete sich lieber im Klagen und Weinen ein, während der Bruder die Veränderung, Entwicklung suchte.
Die Rehkraft sollte sich ausdrücken, denn mit diesem Wasser benetzte er seine Lippen und lag als Rehkälbchen vor der Schwester. So friedvoll, ruhig und lieblich wollte er für sie sein. Diese Seite sollte den Impuls für ihre Entwicklung geben. So wurde aus der Angst des Mädchens, der

Bruder könnte als Reh davonspringen, der beruhigende Satz: »*Sei still, liebes Rehchen, ich will dich ja nimmermehr verlassen.*« Das Schwesterchen wurde tätig. Ganz ihrer Naturverbundenheit entsprechend, flocht es ein Binsenseil und band es ans goldene Strumpfband, das es um den Hals des Tierchens legte. Befremdlich scheint es, denn arm wie die Kinder waren, hatte das Mädchen doch ein »*goldenes Band*«, wie eine Sonnenkorona, ein Ringlein der Verbundenheit.

Nun übernahm das Mädchen die Führung. Bisher hatte das Schwesterchen dem Bruder die aktive Rolle überlassen. Ein leeres Haus in der Waldestiefe fand sie, richtete es für das Rehlein und sich ein und fand: »*Hätte das Brüderchen nur seine menschliche Gestalt gehabt, es wäre ein herrliches Leben gewesen.*« Im Schwesterchen wirkte der Sog des Sich-Einrichtens. Noch nicht am Ende ihrer Entwicklung wollte sie schon verweilen. Sie fand, alles dürfte so bleiben.

Jetzt musste wieder der Bruder, das Rehlein, den Impuls und den Mut zur Veränderung aufbringen. Den Jägershörnern wollte er folgen. Er musste dem Schwesterchen mit dem Tode drohen, damit er entlassen wurde. Das Schwesterchen blieb zurück, das Rehlein sprang in den Wald und nur der Satz »*Lieb Schwesterchen, lass mich herein!*« sollte die beiden wieder verbinden. Nachdem das Rehlein mit einer Wunde nach Hause kam, war die Angst vor Veränderung im Schwesterchen noch größer geworden. Sie sah in Veränderung den Tod, während das Brüderchen, das Reh, sie zulassen konnte und lieber Freiheit und Risiko leben wollte, als Starrheit und Sicherheit.

Vielleicht ist jeder Vorbote von Veränderung mit Todesangst durchsetzt und vielleicht braucht jede Veränderung das Vertrauen auf Reife und Wachstum sowie den Mut, der neuen Situation begegnen zu können. Vielleicht ist das Leben ja auch in Stufen geordnet wie sie bei Hermann Hesse im gleichnamigen Gedicht beschrieben werden: »*Und jedem Anfang wohnt ein Zauber inne, Der uns beschützt und der uns hilft, zu leben ...*«[2]

So fand der König im Wald seinen Weg zum Schwesterchen und erschien

---

[2] Hesse, H., *Die Gedichte*, 1977, S. 676

mit goldener Krone im Waldhäuschen. Schnell kam es zur Hochzeit. Das Märchen könnte hier zu Ende sein. Rehlein, Schwesterchen und König lebten zusammen glücklich im Schloss. Aber die Krone ist noch kein Ringlein, die Menschen müssen erwachen und erwachsen werden, um frei und erlöst zu sein – die Schwester, der Bruder und der König. Da muss noch die Zauberkraft der Stiefmutter überwunden werden.

Zwar wurde das Schwesterchen Mutter, aber wie so viele Mütter war sie noch nicht reif für diese Aufgabe. Zu sehr drängten alte Rollen- und Nachahmungskräfte (Stiefmutter, Schwester) durch, zu tief lag die *Urmutterkraft* (die tote, leibliche Mutter) verborgen und konnte nur des Nachts, im Schleierkleid wirken.

Wir Menschen sind erst frei, wenn wir die Ängste (Veränderungsängste, Todesängste) überwunden haben, wenn wir den bekannten, anerzogenen Kräften die archaischen Kräfte gegenüberstellen und Letzteren den Raum zum Wirken geben.

Viele Nächte musste das Schwesterchen als stummes Schleierwesen ihr Kind und das Reh versorgen, bis sie selbst es war, die sagte: »*Nun komm ich noch zweimal und dann nimmermehr.*« Jetzt hatte sie die Kraft, das Schicksal selbst in die Hand zu nehmen. Jetzt war sie bereit, ein zweites Mal »*nimmermehr*« zu sagen und somit eine klare Position einzunehmen. In dieser deutlichen Kontur wurde sie für ihren Mann und das Reh sichtbar und konnte reif für ihr Leben den Ring der Verbundenheit überstreifen, sich selbst in Mutter und Ehefrau sowie das Rehlein in den Bruder zu erlösen. Jetzt waren gelernte Rollen überwunden und uralte Kräfte zum Leben erweckt. Jetzt erst konnte das Märchen enden.

Oft saß ich am Rehbrunnen, wie ich ihn in nannte, und tastete mich in meiner Seele an den Mut heran, das Leben zu leben und es aus alten Klammern zu befreien. Es war, als hätte das Reh aus Bronze die Geschichte des Lebens, der Veränderung, des Mutes und der Einsamkeit so oft erzählt, dass ich kräftig genug werden konnte, das Leben anzunehmen.

Es kam zum Umzug meiner Familie, zum Abschied vom Brunnen. Viele Wechsel gab es in dieser Zeit, denn ein neuer Mann trat an die Seite meiner Mutter. Freunde, Gewohnheiten und Rituale mussten verabschiedet werden, die weiterführende Schule lockte in der Ferne und das neue Haus begann, bewohnbar zu werden. Da ich ruhig, ängstlich, verträumt und zurückgezogen war, galt ich als *Dummling* der Familie. Die anderen konnten alles schon, waren laut und stürmisch, debattierten miteinander und suchten den *nächsten Platz* an der Seite der Mutter, während ich zögerlich und still war. Alle gingen ins Gymnasium, zeigten Fähigkeiten und Fertigkeiten und verließen diese Schulart bald wieder. Als meine weitere Schullaufbahn geplant werden musste, zweifelte niemand, dass wohl die Hauptschule der richtige Ort für mich wäre. Sie war am Ort gelegen und forderte nicht zu viel. Ein damals allgemein anzuwendender, neu entwickelter Test stellte jedoch die Eignung für das Gymnasium fest. Nach anfänglichem Zögern und einem Schulwechsel machte ich mein Abitur. Es war wohl die Rolle, die ich in meiner Familie innehatte, die mir die Liebe zu den *Dummling-Märchen* bescherte. Ich las sie immer wieder gerne, fand aber *mein Dummling-Märchen* erst später.

1.3   Die weiße Taube (1812)

Helfer für die Lebensschritte

Dieses Märchen gibt es nur in den frühen Auflagen der Märchen der Brüder Grimm. Da ich Zwerge, Wichtel, Gnome und Heinzelmännchen sammelte und ständig im Schulgarten am Baum gelehnt das ein oder andere *Wesen* erspähte, bekam ich das Märchen von meinem hochgeschätzten Religionslehrer als Ausdruck geschenkt. Es ist ein kurzes, einfaches Märchen, das sich leicht merken lässt. Es ist schlicht, wie das Leben sein kann. Ein Birnbaum, im Schlossgarten stehend, ist Anlass zur Bewegung.
Alljährlich waren die Birnen in der Nacht vor dem geplanten Erntetermin verschwunden. Der König bat nacheinander seine beiden ältesten Söhne, doch ein Jahr lang unter dem Baum zu wachen, um den Dieb ausfin-

dig zu machen. Beide nahmen nacheinander die Aufgabe an, beide durchschliefen die entscheidende Nacht und so waren in beiden Jahren die Birnen wieder verschwunden.

Es ist ein großer Auftrag, ein Jahr lang zu wachen! Er scheint zu groß für eine Birnenernte. Der Auftrag wirkt vielmehr wie eine Initiationsprüfung, eine Bewährung, eine Einkehrphase, statt dem Aufspüren eines Diebes. Hatten nicht schon viele weise Lehrmeister der monotheistischen Hochreligionen, die Göttinnen der Ägypter und Griechen, am Baum gelehnt und erhielten Botschaften und Weisheiten, die aus dem Himmelsreich gesendet durch sie bis tief in die Erde gelangten, dorthin, wo Mutter Erde sie erhält? An den Stamm gelehnt können wir die Botschaften raunen hören: »*In allen frühen Religionen gibt es den heiligen Baum. Er verbindet die Unterwelt (Wurzeln) mit dem Himmel (Kronen).*«[3]

Es kam, wie es kommen musste: Die Reihe kam an den jüngsten Sohn, den Dummling. Anders als bei anderen Dummling-Märchen, in denen der jüngste Sohn den Vater überzeugen musste (*Die goldene Gans*, KHM 64) oder die Brüder den Vater zu erneuten Prüfungen zwangen (*Die drei Federn*, KHM 63), bat hier der König unter Gelächter aller, die am Hofe lebten, den jüngsten Sohn, auch ein Jahr lang unter dem Birnenbaum zu wachen. Hier glaubte der Vater an den Sohn, hier konnte sich der Dummling des Vaters Zuversicht sicher sein. Der jüngste Sohn erwehrte sich in der entscheidenden Nacht des Schlafes. So konnte er – und nur er – die Weisheitsbotschaft empfangen.

Wie lässt sich schlichter und treffender jener Sog zur Nachahmung beschreiben (und gerade als jüngster Sohn und gerade das Scheitern) als dadurch, dass man sich dessen erwehren muss wie des Schlafes bei Müdigkeit?

Der Dummling sah eine weiße Taube, die alle Birnen – eine nach der anderen – pflückte und mit ihnen fortflog. Bei der letzten Birne, mitten in der Nacht, erhob sich der müde Jüngling und folgte dem Vogel.

---

[3] Bonin, F., *Märchensymbolik*, 2009, S. 32

Es war Nacht und ein Menschenkind folgt einem Flugtier: Ein schönes Bild dafür, dass jemand Neuland betritt.

Der Jüngling folgte einem Weg ohne Licht und Wegweiser. Er machte sich auf, begleitet von Neugierde und einem inneren *Auftragsruf*. Die Taube flog mit ihrer Beute hoch auf einen Berg in eine Felsspalte. *»Ist die Taube nun verschwunden? Weiß ich jetzt, dass die Birnen in einem Berg aufgehoben werden? Weiß ich den Dieb?«* Dies könnte der Jüngling sich gefragt haben, als er um sich sah. Dort, im Dunkel der Nacht, sah er ein kleines graues Männchen.

So schwer ist es manchmal, die Helferkräfte zu erkennen. Sie sind klein, grau und zeigen sich in der dunklen Nacht.

Es folgte ein kleiner Dialog: *»Gott segne dich! / Gott hat mich gesegnet in diesem Augenblick durch diese deine Worte.«* Der Segenswunsch des Jünglings erreichte das kleine Männchen. Zum Dank dafür bekam er von dem Männchen einen Rat und eine Prophezeiung – den Segen, jene Geste, mit der wir anerkennen, was ist. *»Der Akt der wertfreien Anerkennung ist die Öffnung, die den Beginn der Heilung ermöglicht.«*[4] Wir können ermessen, wie schwer es ist anzunehmen, ganz zuzulassen, dass die Taube mit den Birnen in der Felsspalte verschwindet. Werden die anderen ihm glauben? Bestätigt dieser Bericht nicht sein Dummling-Sein? Welchen Sinn hatte das Jahr der Einkehr unter dem Baum? In der Geste des Segnens liegt die Akzeptanz der Situation, wie sie ist. Indem der Jüngling das kleine graue Männchen mit einem Segen begrüßt und sich als Mittler des Göttlichen versteht, erkennt er all das Neue, Fremde, Wunderhafte, vielleicht Unglaubwürdige, eben das Märchenhafte an.

Damals, als ich mich in der neuen Lebenssituation wiederfand, in der Ort, Menschen und Schule unbekannt waren, war auch in mir eine *Segenskraft* nötig. Die Annahme all dessen, was ist, das Wissen um einen Sinn, auch wenn er (zuerst) nicht ersichtlich war. Was war damals mein *graues Männchen*? Ich weiß es nicht mehr, weiß nur noch, dass es auch

---

[4] Braden, G., *Verlorene Geheimnisse des Betens*, 9. Aufl. 2014, S. 91

in mir Nacht war, dass auch ich einen Rat und eine Prophezeiung erhielt. Das Leben flüsterte mir zu: »*Gehe weiter! Es ist alles gut!*« Auch ich kletterte in tiefe Felsspalten hinab, drang in das Reich der Anderswelt ein, überwand Angst, Enge, Dunkelheit und Tiefe, um zur Erlösung meiner eingesponnenen Bilder zu finden. Ich verließ die Schule mit der Allgemeinen Hochschulreife. Ein Lebensabschnitt und eine Lebensbegleitung gingen zu Ende. Ich spürte, dass etwas Neues auf mich zukommen würde, wusste, dass ich mich orientieren, ausrichten, entscheiden und festlegen musste und brauchte eine Arbeit für meinen Lebensunterhalt. All diesen Anforderungen, die ich an mir zerren und reißen spürte, musste ich Einlass in mein Leben gewähren. Ich fühlte mich nicht stabil, bangte, nicht zu mir zu finden, mich zu verzetteln und Auswahlkriterien zu folgen, die nicht meine waren. Ich hatte Sorge, nicht meinem Willen und meinem inneren Ruf folgen zu können. So zog ich mich zurück.

Der Rückzug, der so oft in meinem Leben wichtig und mir stets ein treues Wegangebot war, ist auch in Märchen zu finden. Die Phasen der Einkehr, die Zeiten der Selbstbesinnung sind auch in Märchen – ob in Bäuchen (*Rotkäppchen*, KHM 26), auf Bäumen (*Allerleirauh*, KHM 65), in Türmen (*Rapunzel*, KHM 12), im Bett (Dornröschen, KHM 50) oder im Wald (*Brüderchen und Schwesterchen*, KHM 11) – Rückzugsphasen, die zum nächsten Entwicklungsschritt führen. Da ich mich in jener Lebensphase geradezu nach Bauch, Baum, Turm, Bett oder Wald sehnte, erlebte ich diese Bilder in den Märchen nie als grausam.

Wenn Rapunzel zu Beginn der Pubertät in einem Turm lebte, von dort Wald und Gegend überblicken konnte und bis in die weite Ferne ihre Lieder, einem Vogel gleich, singen konnte, dann hatte sie Zeit, zu sich zu finden und ganz in sich die Frau wachsen zu spüren, die in ihr angelegt war. Sie musste nicht in Rollen der Auserwählten, Geehelichten, Geschwängerten schlüpfen, sondern konnte in sich das Vöglein spüren, das schlüpfen und seine Lieder singen wollte. Der Klang ihrer Seelenstimme und ihr Haar, das in Zeiten der Einkehr zu goldenen *Ähren*, gleich dem reifen Korn auf den Feldern oder den Sonnenstrahlen wurde, und ihre Stimme sollten ihre *Werbung* sein. Sie lockte und sie lockte gut, denn der, der Rapunzel die weitere Entwicklung ermöglichte, war selbst bereit, seine eigene Entwicklung zu gehen. Sie führte durch den Fall, die Einsamkeit, Verirrung und äußerlichen Erblindung zur Reife und Liebe. Beide waren mutig genug, diesen Weg zur reifen Liebe und guten Elternschaft zu gehen.

Auch Rotkäppchen brauchte die Erfahrung der Einkehr. In des Wolfes Bauch sollte sie eine Zeit verbringen. Seite an Seite mit ihrer Großmutter im Walde unter den drei Eichen war sie gut aufgehoben. Dort konnte die Großmutter einer Waldfee, einem Kräuterweiblein oder einer Frau Holle gleich dem Kinde die Initiationskräfte geben. Der Wolf stellte sich, sein Leben – wie so oft –, selbstlos zur Verfügung und vermittelte so seine guten Kräfte (Kameradschaft, Freiheit, Instinktnatur) weiter. Dort befreite die Großmutter, letztlich der Wolf, der sich selbst für diesen Prozess in Rotkäppchen opferte, das Kind aus den Klauen des vorgezeichneten Weges der Mutter.

Im Märchen »*Allerleirauh*« ist das Mädchen, das sich jenseits von Mutterwünschen und Vaterfantasien wiederfinden musste, in der Tiefe des Waldes, eingehüllt in das Fell von allen Tieren des Reiches, schwarz berußt im Baum verborgen. So eingehüllt in die Kräfte der Tiere und die Transformationsgaben (Asche) überlässt sie sich dem Schutz und der Heiligkeit des Baumes. Was für ein Bild: So viel Geborgenheit, Schutz, Bewegung und Veränderung in Fell, Asche und Baum! Der Fellmantel, ein alter schamanischer Brauch, das Krafttier zu finden; die Asche, die letzte Essenz alles Stofflichen, und der Baum, der Geist und Seele reich macht, geben dem Mädchen, was es braucht, um ihren weiteren Lebensweg gehen zu können. Die Asche hat alles Materielle losgelassen und ist dadurch rein (steril) und magisch. Sie bleibt übrig, wenn alles andere Wärme und Licht geworden ist. Das Feuer, jene Transformationskraft – »*... durch die Beherrschung des Feuers vollzieht der Mensch einen bedeutenden Schritt fort vom Tier hin zum Göttlichen ...*«[5] –, hinter-

---

[5] Bonin, F., *Märchensymbolik*, 2009, S. 89

lässt nur Asche, die unzerstörbare, schwerelose. Allerleirauh ist vom Schutz des Baumes umgeben. Der Baum, der Baum der Erkenntnis, der Lebensbaum, der Baum der Götter, Yggdrasil, der Freund des Menschen bietet dem Mädchen seinen Leib bis zur Neugeburt. Hier kann sie sich stärken, hier ist sie verbunden mit der unteren, mittleren und oberen Welt, hier kann sie ruhen und reifen. All das sind Bilder der Einkehr, des Rückzugs, des Kräftesammelns, der Initiation.

Auch ich musste eine solche Zeit, einen solchen Ort, ein *Mäntelchen* finden. Ich wählte die Ausbildung zur Schauspielerin im Bereich des experimentellen Improvisationstheaters. Wie gut taten mir die spontane Arbeit mit Körper und Stimme, das Einfühlen, Verweilen und Lauschen tief in mich und die Ausdrucksklarheit über Geste und Wort. Unser erstes Stück war ein Märchen, in dem ich einen Vogel spielte und Nachrichten von einem anderen Stern brachte (*Merkwürdige Nachricht von einem anderen Stern*)[6]. Ich spielte vollkommen nackt, mit Leuchtfarben bemalt, die im Schwarzlicht funkelten. Es war eine große Überwindung für mich, nackt auf der Bühne zu stehen, während andere Kleidung trugen. Obwohl ich wusste, dass man meine Nacktheit nicht sah, wusste ich um sie und fühlte Scham und Peinlichkeit, als wäre ich *sichtbar*. Wir hatten einige Aufführungen, sodass ich Veränderungen erleben konnte. Ich konnte von Aufführung zu Aufführung Scham und Peinlichkeit ablegen, weil es immer weniger schlimm war, nackt zu sein. Auch im Leben lernte ich, mich seelisch und gedanklich nackt zu zeigen und mich im Schutz meiner Wahrheit und Authentizität sicher zu fühlen.

---

[6] Wille, H. H., *Merkwürdige Nachricht von einem anderen Stern*, 1949, S. 9

1.4 Fitchers Vogel (KHM 46)

Lebensschritte wollen klug und besonnen gegangen werden

Im Märchen *Fittchers Vogel* »*steckte sich* (die Braut) *in ein Fass mit Honig, schnitt das Bett auf und wälzte sich darin, dass sie aussah wie ein wunderlicher Vogel und kein Mensch sie erkennen konnte*«. Das Märchen beginnt mit einem Hexenmeister, der so gut in seiner Kunst ist, dass er seine Gestalt verwandeln kann. Er wählte die Gestalt eines Bettlers, der schöne Mädchen fing. Dies tat er so, dass er um Brot bat, und wenn dies vom Mädchen gereicht wurde, der Hexenmeister das Mädchen berührte, worauf dieses seinem Willen ausgeliefert war, in seine Kötze musste und eilig von dem Hexenmeister fortgetragen wurde.

Das Bild weckt ein kleines Erstaunen: Warum wählt der Hexenmeister die Rolle des Bettlers, wenn er sich doch ebenso gut in einen reichen schönen Jüngling verwandeln könnte, mit dem jede gerne mitginge? Mit der Bettlergestalt verbarg er sogar Reichtum und Pracht, die sein Haus im Wald zierten. Zweifellos wollte er hübsche, gehorsame, zum Opfer bereite Mädchen vor dem Weg der baldigen Hochzeit, die sie in die Arme eines Patriarchen werfen würde, bewahren. Was hatten denn die hübschen gehorsamen Töchter sonst anderes zu erwarten? Ihr Vater, der sich an der Mitgift erfreuen würde, hätte sicher mehr Augen für den Gewinn und *die gute Partie* als für die Entwicklung der Töchter. An einer solchen Türe klopfte der Hexenmeister als Bettler. Die schönen Töchter lauerten hinter der Pforte und warteten auf ihre Freier. Auf seine Weise, im Korbe untergebracht, trug der Hexenmeister das erste schöne Mädchen in sein prächtiges Haus im Wald. Dort bekam das Mädchen all den Reichtum, das es sich wünschen konnte, wurde *Schatz* genannt und noch vor der Hochzeit mit Vertrauen, Achtsamkeit und Vorsicht betraut. Der Hexenmeister musste fort. Er ließ das junge Mädchen alleine, vertraute ihr Haus und Besitz an, dazu ein Ei, das sie sorgfältig verwahren – lieber sogar mit sich tragen – sollte und einen Schlüsselbund. Mit allen Schlüsseln durfte sie die Kammern öffnen und alles genießen, nur eben mit dem einen Schlüssel die kleine Stube nicht. Das Öffnen der Stube verbat der Hexenmeister dem Mädchen unter Lebensstrafe, das Ei sollte unversehrt bleiben, sonst entstünde ein großes Unglück.

Der Hexenmeister überließ das Mädchen einer Prüfungssituation. Sie sollte sich so als *heiratsfähig* erweisen. Er gab ihr Vertrauen, überließ ihr seinen gesamten Besitz und hatte nur zwei Bedingungen: Lass die Stubentür zu (obwohl du den Schlüssel hast) und verwahre das Ei gut. Eine Missachtung würde Unglück und Tod bedeuten. Warum aber gab er ihr den Schlüssel, den sie nicht benutzen durfte? Er hätte den Schlüssel doch einfach mitnehmen können. Aber dann wäre es keine Prüfung gewesen. Was wurde geprüft? Vertrauenswürdigkeit, Überwindung von Neugierde, Selbstdisziplin (ohne Außenkontrolle), Ehrlichkeit? All die Tugenden schienen dem Hexenmeister wohl sehr wichtig. Die Frau, die seine Frau werden konnte, musste diese Tugenden besitzen, denn wenn eine Frau diese Prüfung bestanden hatte, war er es, der sich bedingungslos unterwarf.

Das Mädchen bestand die Prüfung nicht. Sie öffnete die Stube, gewahrte ein Becken mit zerhauenen Menschen darin, einen Holzblock und ein blinkendes Beil.

Dieser Anblick lässt auf einen Ort, an dem eine rituelle Zerstückelung vor sich ging, schließen. Er erinnert an jene Bilder, die die werdenden Schamanen in Fieber und Trance innerlich erleben – so stark, dass sie drohen, zu sterben -, um dann Schmerz- und Todeserfahren, den Auftrag des Schamanen, annehmen zu können. Es sind innere Bilder. Einen Rest davon haben wir heute noch: *Ich fühle mich zerrissen! / Ich blute aus! / Mir ist das Herz aus dem Leib gerissen! / Ich könnte sie/ihn in der Luft zerreißen!* Es ist eben nur ein Rest, denn wir bilden hierzulande keine Schamanen aus. Aber dort, beim Hexenmeister, ist noch eine solche Initiationsschule.

Das Mädchen erschrak so sehr, dass ihr das Ei ins Blut fiel. Zwar konnte sie es wieder rausschöpfen, aber das Blut ließ sich nicht mehr abwischen. Das Ei, jenes Symbol für Fruchtbarkeit und zukünftiges Leben, blieb nicht unversehrt. Blutverschmiert musste das Mädchen das Ei übergeben. Die Frucht, das Leben in dem Ei, bekam seine Zeit, seinen

Schutz nicht. Das Mädchen konnte nicht *ausbrüten*. So wurde das Ei mit Blut verschmiert.

Das Blut Christi am Osterfest, am Osterei? Ihr eigenes Blut, das bei ihrer Opferung fließen wird? Das Blut all der unreifen Mädchen und Frauen, die lieber im Blutbade mit- und durcheinander schwimmen sollten, als im Ehebett vertrocknen oder im Kindsbett ausbluten? Das Blutbecken ist auch ein Ort der Einkehr – wie der Turm, der Bauch, der Wald oder der Tierkörper.

Es kam, wie es kommen musste: Das Mädchen wurde geopfert, erlöst, in ihre Einkehr – kopflos und blutend – entlassen. Ebenso erging es der zweiten Tochter. Erst die dritte Tochter konnte erlösen. Deren Initiation fand einen anderen Weg. Sie konnte ihren Weg gehen. Sie konnte sich wandeln, ihr Krafttier finden, das Ei schützen, die Schwestern erlösen und den Hexenmeister in seine Erlösung entlassen. Mit der Beschreibung ihrer Befreiung gibt sie allen jungen Frauen Erlösungsideen an die Hand, übernimmt die Zauberkraft und befreit den Hexenmeister aus seinem ewigen Beutegang. Die dritte Tochter wird als klug und listig beschrieben. Diese Eigenschaften scheinen Frauen gutzutun.

So verwahrte sie das Ei und öffnete die Stube. »*Ach, was erblickte sie!*«, sind die Worte des Schreckens. Aber sie versank nicht kopflos in diesem, sondern erkannte ihre lieben Schwestern und machte sich an die Arbeit.

Ein schamanischer Prozess begann: Die Glieder wurden zueinander gelegt, bis die beiden Schwestern wieder vor ihr lagen. Dann begannen die Leiber sich zu regen und die Augen öffneten sich. Auch Isis legte ihren Osiris so zurecht und gab ihm das Leben wieder. Schamanen beschreiben ihre Initiation wie folgt: Sie erlebten sich von Geistern zerstückelt, gekocht und verspeist. Ihre Knochen wurden achtlos weggeworfen, von einem Adler gesammelt, ins Nest geflogen, dort zusammengesetzt und so konnte der Schamane fliegen. Er erhielt sein neues Leben – das Leben eines Schamanen, der in die Anderswelt reisen konnte.

Die dritte Tochter hatte diese Kräfte. Die Initiation, die der Hexenmeister begonnen hatte, konnte sich nun vollenden. Aber nicht nur, dass die dritte Tochter ihre Schwestern wieder ins Leben befreien konnte, sie wusste vielmehr auch in der Diesseitswelt mit ihrer Brautsituation umzugehen. Sie wusste, dass nun sie die Meisterin über den Hexenmeister geworden war, der nun dienen musste. Die Kraft der Zauberei ging wieder in Frauenhände. Im Korb seiner Bettelbeute, in dem der Hexenmeister bisher die Frauen in sein Haus trug, musste er ohne sein Wissen die Schwestern zum Vater schleppen. Seine Meisterin wandte erneut ihre List an und ließ die Schwestern bei jeder Rast warnende Worte sagen. Nun galt es nur noch, ihre eigene Verwandlung, Reifung, Erlösung zu vollenden. Sie »*steckte sich in ein Fass mit Honig, schnitt das Bett auf und wälzte sich darin, dass sie aussah wie ein wunderlicher Vogel und kein Mensch sie erkennen konnte*«, so heißt es im Märchen. Sie nutzte den Honig in seiner ursprünglichen Aufgabe: Er schützt, wärmt und brütet so die Bieneneier aus. Indem das Mädchen sich in den Honig legt, verwandelt sie sich und geht den Weg in die neue Geburt. Die Geburt des Vogels! Die toten Federn werden durch sie wieder zum Leben erweckt. Unerkannt eilt sie heimwärts. Ein Vers, ein wichtiges schamanisches Klangritual, begleitet sie: »*Du Fitchers Vogel, wo kommst du her? / Ich komme von Fitze Fitchers Haus her. / Was macht denn da die junge Braut? / Hat gekehrt von unten bis oben das Haus, / und guckt zum Bodenloch heraus.*«

Wie alle Meister, die ihre Kunst erfolgreich weitergegeben haben, durfte sich auch der Hexenmeister in seine Essenz, in die Asche zurücktransformieren. Als ich auf der Bühne war, meine Vogelrolle nackt und bunt spielte, war ich oft in jenem Märchenbild. Ich reifte zu jener klugen, listigen Frau heran, fand meinen Weg zu Wärme, Schutz und Geborgenheit, schlüpfte durch die neue Geburt und wurde zum Vogel, wenn mich kein Mensch erkennen sollte. Das Märchen gab mir ein Bild. Ich lebte das Bild und durfte zum neuen Entwicklungsschritt wachsen. Das Märchen war mir – wie es Märchen eben sind – voraus und es tröstete mich mit der gelungenen Entwicklung.

Auch in anderen Märchen gibt es Vögel. Sieben Jungs wurden zu Raben (*Die sieben Raben*, KHM 25), ein junges Mädchen wurde eine Nachtigall (*Jorinde und Joringel*, KHM 69), sechs Brüder wurden Schwäne (*Die sechs

Schwäne, KHM 49) und eine Taube verwandelte sich in eine junge Frau (*Die weiße Taube*«) ... Es finden stets Vogelverwandlungen statt, die Erlösung hervorrufen oder einen Initiationsweg für alle eröffnen. Andere Vögel – wie das weiße Vöglein, das auf dem Haselbäumchen bei Aschenputtel (*Aschenputtel*, KHM 21) prachtvolle Kleider reichte, das Entlein, das Hänsel und Gretel über den See trug (*Hänsel und Gretel*, KHM 15) oder der goldene Vogel, der gesucht werden musste (*Der goldene Vogel*, KHM 57) – treten als Helfer, Retter oder Lockende im Reifungsweg auf. Die Vögel, die Tiere der Lüfte, jene Himmelsgesellen mit buntem Kleid und schönstem Gesang, läuten tiefe Veränderungen ein. »*Als Sinnbild der Freiheit überwinden Vögel alle Grenzen und transzendieren die Erdenschwere*«[7], schreibt Bonin und zeigt, wie Vögel aus der Enge des Denkens, des Verstandes (Logik und Kausalität) befreien und die Welt der Intuition und Fantasie eröffnen. Erst wenn wir im Reich der Bilder angekommen sind, hat die Seele ihre Luftigkeit erlangt und kann frei werden.

Dann zog ich das bunte Federkleid wieder aus und ging meinen Lebensweg in meiner Nacktheit weiter. Es ging mir, wie es jedem Menschen geht, der lebt. Wir müssen weiter, manchmal zurück wie ein Reisender aus der Anderswelt, der nun in der Mittelwelt wieder zurück zu seinem Wirkungsort geht. Heute weiß ich es etwas besser, damals wusste ich nicht, welche Reise ich zu Beginn meines Lebens angetreten hatte. Ich spürte nur: Das Theater, der Vogel und andere Rollen waren ganz wichtige Etappen, Verweilmomente, meine Schutzbäume, Unterkünfte, Hexenhäuser, Tierbäuche oder Ruhesteine im dunklen Wald der Unsicherheit, aber eben nur Etappen. Es rief mich weiter. Ich weiß noch, dass ich mich wie ein Tier in Metamorphose fühlte. Es war mir, als sollte ich zur Raupe werden, dann in einen Kokon, um vielleicht sogar ein Schmetterling zu werden. *Wird dieses innere Bild mich geleiten*, fragte ich mich, *wenn ich das Leben im Diesseits verlasse und in die Anderswelt reise, von ihr gezogen, gerufen, geladen werde?*

---

[7] Bonin, F., *Märchensymbolik*, 2009, S. 342

Ich begann mein Studium zur Lehrerin, absolvierte meine Prüfungen und durfte hier erneut meine tiefe Verbundenheit mit Mythen und Märchen erfahren. Alle meine Prüfungen rankten um diese Themen. Ich verschlang Bücher über die ägyptische und griechische Mythologie, die Kinder- und Hausmärchensammlung der Brüder Grimm, Briefe und Texte der Romantiker und andere Geschichten aller Völker und Zeiten. Ich lebte, träumte, spazierte in ihnen und legte gleichzeitig meine Prüfungen ab. Es war so beruhigend für mich, dass ich gleichzeitig meinem inneren Ruf nach Mythen, Märchen und Träumen folgen als auch einen Platz in meiner gegenwärtigen Welt einrichten konnte. Die Beruhigung kam aus dem Gewahren, dass ich sowohl meine inneren Seelenbilder pflegen als auch meine Intuitions-, Imaginations- und Traumpfade gehen wollte. Ebenso galt es, eine Wirkungsstätte, einen *Sinnplatz* in meiner gegenwärtigen Welt einzurichten. Damals schon durfte ich erfahren, dass dies beides möglich war, sodass ich beidem Drängen nachgehen konnte. Schon in dieser Zeit wusste ich, dass ich stets *gerufen werde*, also offenbleiben musste für eine innere Stimme, die mich leitet, auch wenn ich Grund und Ziel in der gegenwärtigen Welt nicht immer gleich finden und erzählen kann.

Eine Zuversicht fand immer tiefer in mir ihren Platz: Es hat alles einen/meinen Sinn, auch wenn ich ihn nicht immer gleich erkenne. So folgten Auslandsaufenthalte, Erweiterungsstudiengänge in Ethik und Beratung, Ausbildungen zur Märchenerzählerin und Entspannungspädagogin und Beraterin mit der Methode der *Gewaltfreien Kommunikation* nach M. Rosenberg. All diese Ausbildungen, die Zeit und Geld kosteten, traten in mein Leben, boten sich mir an, kamen auf mich zu. Ihre Inhalte berührten mich, ich begann zu lesen, zu sprechen, zu hören, und dann fügte es sich, dass Seminare in meiner Wohnungsnähe angeboten wurden, sich Finanzfenster öffneten und Zeit zu Verfügung stand. So konnte ich die Themen meines Seelenrufes vertiefen.

In dieser Zeit begleitete mich das Märchen *Jorinde und Joringel*:

1.5 Jorinde und Joringel (KHM 69)

Manchmal ziehen und zerren Lebensschritte

Obwohl auch Beziehungen in meinem Leben ein großes ungelöstes Thema waren, ist dieses Märchen kein Beziehungsmärchen für mich. Die beiden mit ihrem fast gleich klingenden Namen sind zwei Aspekte einer Ganzheit, die sich symbolhaft auf den Trennungsweg begibt, um dem Bewegungsauftrag in jedem Teil folgen zu können und dann wieder in die selbst gewählte Vereinigung aus Freiheit und Klarheit zu finden. Ich erlebte es als sehr schwer, in Nähe und Liebe bei mir zu bleiben, nicht in Bedürftigkeiten, Abhängigkeiten, Kontrolle oder Halteangebote abzurutschen, um mich dort zu verlieren. Kulturelle, rollenbezogene *Vorbilder*, Glaubenssätze, negative Bindungsvorbilder und kollektive Verzerrungen (Werbung, Literatur, Film, Psychologie ...) verstellten mir den Weg zu meiner Beziehungskraft und Lebendigkeit. Auch dieses Thema ist in dem Märchen zu finden. In jener Lebensphase war ich aber mehr mit der Suche nach dem eigenen Weg beschäftigt und fand auch hierfür wahre Seelenbilder in dem Text.

Das Märchen *Jorinde und Joringel* beginnt mit einem alten Schloss mitten in einem großen dichten Wald, in dem eine alte Erzzauberin alleine wohnt. Wir erfahren, dass dort, im Reich unserer Unsicherheit, Ängstlichkeit, Unbewusstheit, im *Neuland* unserer Seele, im Wald, eine Erzzauberin weilt. Sie wohnt in einem alten Schloss. Ist das nicht tröstlich? Wir sind nicht ganz alleine. Wenn wir uns verirren, ist jemand da. Ein Schloss ist das edle Haus der Geschichts- und Geschickelenker unserer Gemeinschaft. Es ist ein altes Schloss. Es hat also schon bessere Zeiten gehabt. Vielleicht ist es auch ein alter Ringwall mit einem Ringband, das einst eine goldene Kette war, nun aber ein Bannkreis von 100 Schritten wurde? Die Erzzauberinnen waren wie die Hexen, die Heckenhüterinnen, einst geachtet, geschätzt und bei wichtigen Fragen des Lebens aufgesucht. Jetzt leben sie in anderen, verfallenen Zeiten. Im Heiligtum im Walde lebten einst die Priesterinnen, die eine besondere Nähe zu den

Gottheiten pflegten. *»Von der Priesterin aber heißt es, sie verwandle sich in eine Katze, einen Hasen oder eine Nachteule. Die Katze ist der Liebesgöttin Frowa (Freyja, Ostara) geweiht.«*[8] Die Erzzauberin mit ihrer großen Zauberkraft wird im folgenden Text beschrieben: Am Tage ist sie ein Nachttier. Sie kann sich und andere verwandeln. Ihre Kraft, Tier zu werden, zeigt ihre schamanische Fähigkeit. Sie wird am Tage ein Nachttier wie eine Eule oder eine Katze. So verzichtet sie auf die Wachheit und Klarheit des Tages, sondern lebt auch hier in der Traumwelt und im Reich des Unterbewussten. Schon Athene hatte als Tier die Eule bei sich, um die Geschicke klug und weise regeln zu können. Die Eule *»kann einem Menschen zur Seite stehen, wenn er lernen will, zu seinen eigenen weisen Erkenntnissen zu stehen und diese auch gegen die rationalen Argumente in der Umgebung zu verteidigen.«*[9] Erst am Abend wird die Erzzauberin »ordentlich wie ein Mensch« gestaltet. Ihre Fähigkeiten sind noch reichhaltiger: Sie versteht sich in Opferritualen mit Wild und Vögeln, jenen scheuen und aufmerksamen Waldtiere, jenen freien, im Licht flatternden Luftwesen. Der Hirsch war ein heiliges Tier der Kelten. In deren Wahrnehmung ragt der Hirsch mit seinem geästeten Geweih bis weit in die Anderswelten und Himmelsgefilde hinein und empfängt Botschaften, die er selbstlos vermittelt. Bei den Kelten hatte er eine Gottesstellung. Das Reh dagegen mit seinen großen runden Augen ist wachsam und sieht Gefahren oder Boten schon von Ferne. Die Erzzauberin kann Menschen, die sich auf 100 Schritte dem Schloss nähern, versteinern und Jungfrauen in Vögel verwandeln. Sie hat wohl schon 7.000 verzauberte Mädchen in Körben in ihrem Schloss. Die heilige Zahl Sieben wird um das Tausendfache erhöht. Wie kraftvoll ist doch die Erzzauberin! *»Die Sieben gilt als heilige Zahl, weil sie sich aus der göttlichen Drei und der irdischen Vier zusammensetzt, und daher Gott und Welt miteinander verbindet.«*[10] Die Sieben kommt

---

[8] NahodylNeményi, A., *Was unsere Märchen bedeuten*, 2015, S. 171
[9] Glaschke, S., *Von Krafttieren und Seelengefährten*, 2014, S. 71
[10] Banzhaf, H., *Symbolik und Bedeutung der Zahlen*, 2. Aufl. 2006, S. 81

in Mythen und Märchen, in Religionen und Weltordnungen sehr oft vor. Sieben Tage, Planeten, Tugenden, Sakramente, Weltwunder, Metalle, Todsünden, Zwerge, Jahre … All das beherrscht die Erzzauberin. Mit ihrer Fähigkeit der Tierverwandlung wird die Erzzauberin der Zauberin Circe gleich, die die Gefährten des Odysseus in Schweine verwandelte. Die Nachtigall ist ein Vogel, der in der Nacht singt. *»Die Nachtigall gilt als ein der Liebesgöttin Frowa (Freyja, Ostara) heiliger Vogel, weil er so schön in der Nacht singt.«*[11]
Jetzt erst treten Jorinde und Joringel im Märchen auf. Die beiden gar so Schönen, Jungfrau und Jüngling, waren einander versprochen und gingen nun in den Brauttagen miteinander spazieren, um *»einsmalen vertraut zusammen reden«* zu können. Im Leben dieser beiden schien alles abgemacht zu sein. Schön waren sie, versprochen waren sie, vergnüglich waren sie miteinander. Welch ein schöner Beginn für ein ungetrübt glückliches Leben!
Ist es das? Fehlt nicht bei all dem Brautglück eine Selbstfindung für jeden Einzelnen? Brauchen wir nicht Reife in unserem eigenen Leben, Bilder des Lebensauftrages und Lebensweges, Kenntnisse über Träume, Sehnsüchte, Hindernisse und Tiefen, bevor wir eine Ganzheit gestalten können? Geht es so im Leben, dass wir aus der einen Symbiose (Muttersymbiose, Lebensanfang, Liebesfrucht aus Mutter Erde und Vater Himmel) in die nächste gleiten können, ohne vorher eine Reise zu uns selbst unternommen zu haben? Ist immerwährende Symbiose Sinn gebend und Leben bewegend?
Für Jorinde und Joringel sicherlich nicht. Beide gingen in ihre Initiation, beide waren von der Erzzauberin auserwählt, beide sollten schamanische Kräfte erhalten, denn beide folgten dem Sog der Zauberinnen Kraft. Die weisen, alten Frauen, die Erzzauberinnen, Hexen, Schamaninnen, Urmutter Erde, Gaia selbst, oder wie auch immer wir sie nennen wollen, wissen, dass des Lebens Tiefe mehr braucht als eine sichere Symbiose. Sie wissen

---

[11] NahodylNeményi, A., *Was unsere Märchen bedeuten*, 2015, S. 173

es und sind bereit, das Fehlende zu geben. Sie geben und wenn sie gegeben haben, ist ihr Sinn erfüllt. Ein Zauber, der seine Wirkung zeigte, muss nicht erneuert werden. Der Tag sank zur Neige, die Turteltauben sangen kläglich, die beiden Versprochenen jammerten, wurden traurig »*als wenn sie hätten sterben sollen*«. Sie spürten beide, dass noch ein Tod, ein Abschied, eine Veränderung, eine Phase des Getrenntseins bevorstand. Der Tag der symbiotischen Liebe ging zur Neige, eine Nacht der Reifung folgte und machte einem neuen Tag der reifen Liebe Platz. Jorinde sang, Joringel erschrak: »*Mein Vöglein mit dem Ringlein rot ...*«, sang Jorinde und wies schon auf ihre Verwandlung in einen Vogel hin. Sie kündigte schon die Erlösungskraft an: »*... mit dem Ringlein rot ...*« Wie die rote Blume mit der Perle, dem Tautropfen, die erlösend ist. Jorinde gab ihrem geliebten Joringel schon jetzt das Bild, das er später brauchte, um sie und sich erlösen zu können. Ein Traum (Nachtbild) sollte ihn daran erinnern: »*Die Mädchen in diesem Heiligtum nehmen also die Gestalt von heiligen Vögeln an, um der Göttin nahezukommen.*«[12]

So ist es Jorinde, die in ihren Priesterinnenstatus wandelt, um ihre Initiation zu erleben, und dadurch Joringel in seine Einkehr entlässt. Jorinde singt sich in ihre schamanische Jenseitsreise. Nun sind Leiden (Abschied) und Verwandlung angesagt. Jorinde geht in ihren Prozess. Sie gleitet in ihre Verwandlung und ruht im Nachtigallenkleide gut versorgt von der Erzzauberin in ihrem Käfig. Sie wird im Schloss geschützt ihre tiefe Innerlichkeit erleben. Die Tierverwandlung, die in ägyptischen und griechischen Mythenbildern häufig zu sehen ist, gibt es auch in andern Märchen – *Die sieben Raben* (KHM 25), *Die sechs Schwäne* (KHM 49), *Fundevogel* (KHM 51) oder in der Oper *Zauberflöte* von Mozart –, wobei sie immer eine Eröffnung einer Zeit der Einkehr, der Ruhe und Einsamkeit, des Lebens in Natur und Nacht darstellt. Die Verwandelten sind in ihrem Vogelkleide der Göttin sehr nahe, wollen ihr nahe sein, denn sie dienen ihr. Einen Rest dieses Brauches finden wir noch in alten Fastnachtsum-

---

[12] NahodylNeményi, A., 2014, S. 174

zügen, bei denen die Menschen klingende und bunte Federkleider anlegen und als Vögel durch die Straßen ziehen.

Jorinde gibt sich hin. Joringel fügt sich in seine Erstarrung. Zu Stein wird er. Wer kennt es nicht, vor Schreck erstarrt zu sein, zu versteinern, weil anders die Situation nicht zu ertragen ist? (Jene traumatische Situation, die uns unser Leben lang begleitet und aus der wir nur zögerlich, langsam, Schritt für Schritt in die Weichheit und Wärme, Lebendigkeit und Beweglichkeit des Atmens gelangen.) So ist Lots Frau zu Stein erstarrt, als sie sich nach Sodom umdrehte, obwohl der Engel dies verbot. Dieses Umdrehen ließ die Namenlose zu einer Felsformation werden, die noch heute am südlichen Ende des Toten Meeres zu sehen ist. Menschen, die Medusa anschauten, erstarrten zu Stein. Medusa war eine jener drei Gorgonen, die am Rande des Okeanos hausten. Es scheint, dass derjenige, der den Jenseitskräften gegenübertreten und sie anschauen will, die Erstarrung überwinden muss. Vielleicht ist die Erstarrung als Geste des Mutes zu verstehen, Schreckliches in der Vergangenheit anzuschauen. Dieser Blick, obwohl er zuerst zur Erstarrung führt, ist lebendiger als das Leben in Tabu und Angst.

Es ist die Erzzauberin, die auch Joringel in seinen Prozess entlässt: »*Grüß dich, Zachiel, / wenn's Möndel ins Körbel scheint, / bind los, Zachiel, zu guter Stund ...*« spricht sie in Versen und ruft damit den hebräischen Engel *Gedenk Elohim* an. Hierbei kann *Elohim* sowohl *Göttin* als auch *Gott* bedeuten. Das Bild des Mondes, der in das Körbel scheint, erinnert an die eleusinischen Mysterien, denn »*dort wurde eine Opfergabe in einem Korb dargebracht, wobei der Mond in den Korb scheinen mußte*«.[13] So erhält auch Joringel von der Erzzauberin das Bild, das er braucht, um in seinen Initiationsprozess gehen zu können. In der Nacht, im Lichte der Dunkelheit, wird er seine Mitte (seinen Weg, seinen Lebensplan, Lebensauftrag) finden und dann aus dem Mangel, Leid, Suchen erlöst werden. Alles ist Joringel von der Erzzauberin gegeben: das Bild des roten Ringleins, das

---

[13] NahodylNeményi, A., 2014, S. 180

Mondlicht und die Zuversicht. Nun muss er alles nur noch verstehen und in seine Zeit der Einkehr gehen. Er muss sich selbst achtsam umkreisen wie das Schloss, in dem die Erzzauberin wirkt. Er muss dienen, an fremdem Ort Schafe hüten, ein Hirte sein, schützen, hüten, bewahren, wach sein, wenn andere schlafen. So wird er eingeladen, die Traumes- und Achtsamkeitskräfte zu stärken und sich in Geduld zu üben.
Joringel besteht seine Prüfung. Er lässt den Reifungsprozess zu und gibt sich nicht dem Vergessen, dem Tagestaumel und der Ablenkung hin. Dann irgendwann sieht er im Traum die rote Blume mit der weißen Perle. Neun Tage sucht er sie und findet sie mit dem Tautropfen in der Mitte. Der Tropfen ist Bote des neuen Tages, des neuen Lebensabschnittes. *»Als letzte einstellige Zahl symbolisiert die Neun die Schwelle am Übergang in eine neue Ebene, einen höheren Bereich, zu einem höheren Bewusstsein.«*[14] Joringel eilt und befreit. Er erlöst die Erzzauberin (im Heiligtum der Göttin kommt es nicht zu einem Kampf!), die 7.000 Vögel und Jorinde. So erlöst er auch sich aus der Phase der Reifung in die Ganzheit.
Ich fand etwas Ruhe und Geduld im Umgang mit den Themen *Abschied, Veränderung, Unsicherheit* und *Angst*. Sie sollten nicht weg, waren nicht schlecht oder böse, sondern wurden zu einem sicherlich weisen, sinnvollen Weg, auf dem ich meiner Seelenreifung folgen konnte. Langsam überwand ich die Vorstellung von gut und böse, richtig und falsch und ersetzte sie durch die Beruhigung, dass alles einen Sinn hat und ich diesen in gütiger Weisheit finden kann. Eine Grundgüte legte sich über mein Leben und ich fühlte mich bereit, auch die nächsten Bilder zuzulassen und ihnen begegnen zu können. Der Schamanismus mit der Vorstellung von dem immerwährenden zyklischen Lebensbild, dem treulichen Kommen, Gehen und Wiederkommen, von der Durchlässigkeit in die Anderswelt, in die Ober- und Unterwelt, von den Hilfskräften und Liebeskräften in allen Welten, die jederzeit anwesend sind, von der Natur als beseelte Mitwelt mit all ihren helfenden Pflanzen und Tieren, tat mir sehr gut, stärkte mich

---

[14]Banzhaf, H., *Symbolik und Bedeutung der Zahlen*, 2. Aufl. 2006, S. 105

und gab mir einen Halt, den ich bisher noch nicht gefunden hatte. Ich konnte all meine Lebensetappen als kleine Riten, Erlösungsgesten, Initiationsschritte sehen und Frieden in und mit ihnen haben.

Ein anderes, sehr deutlich einen Initiationsweg beschreibendes Märchen ist das Märchen *Von dem Machandelboom*.

1.6 Von dem Machandelboom (KHM 47)

Bei manchen Lebensschritten zerreißt es uns

Dieses Märchen ist dem Wacholderbaum gewidmet. Es ist jener Baum, der mit seiner immergrünen Erscheinung, aus kargem Boden erwachsend, an seinen weiblichen Stauden die wohlbekannten Wacholderbeeren trägt. Er ist ein Fruchtbarkeitssymbol, das als Lebensrute genutzt wurde und dessen Holz bei der Leichenverbrennung Anwendung fand. Es war Brauch Felder, weibliche Nutztiere und junge Frauen mit Wacholderbaumzweigen oder Haselruten abzuklopfen, um die Vitalität und Fruchtbarkeit zu locken und zu stärken. Auch der Abschied in die Anderswelt, also in die Zeit des Seins bis zur Neugeburt in die Diesseitswelt, wurde mit dem Wacholderbaumholz begleitet. So ist der Wacholderbaum ein Baum, der die Seele ins Diesseitsleben und in Jenseits- oder Andersweltleben begleitet. Es ist unser aller Trost, unser aller Lauf, aus der Diesseitswelt in die Jenseits- oder Anderswelt zu gehen, das Kleid des Körpers abzulegen und im Seelenlichte wesentlich zu sein, um (nach langem Schlaf) wieder in einen Körper zu gleiten. Jedes Märchen tröstet uns mit diesem Lebensrad, in das wir eingespeichert sind: »*Und wenn sie nicht gestorben sind, dann leben sie noch heute.*«

Das Märchen *Von dem Machandelboom* erzählt von diesem Baum oder Strauch, von seiner Kraft und Wirkung, von seiner Gabe an die Menschen, die sich in ihrer unbewussten Seelenphase befinden. So ist es ein Märchen, das unser aller Weg beschreibt, das uns Bilder für die Kraft, die unsere Mutter Erde uns durch diese ihre Pflanze schenkt, gibt. »*Dat is nu all lang heer, wol twe dusend Johr ...*« beginnt das Märchen und beruhigt uns mit dem weit, weit zurückliegenden Anfang, der weit, weit in die Zukunft strömt. So reißt sich auch dieses Märchen, wie so viele andere aus der Zeit, in die Ewigkeit oder Zeitlosigkeit hinein. Es ist so lange her und doch geht der Junge in die Schule und es gibt Kisten für Äpfel, die Eisenbeschläge haben. Ein Tanz in der Zeit, um die Zeit, mit der Zeit, ganz ohne Zeit. Die Immergültigkeit ist ein Wesen der Märchen. Hier ist das Wesentliche das Geschenk der Erde an ihre Kinder: der *Machandelboom* oder *Wacholderbaum*. Wenn wir uns mit unseren *Frucht-bring-Wünschen* (sei es ein Kind, eine Arbeitsstelle, einen Gedanken oder einen nächsten Entwicklungsschritt) rituell an den Wacholderbaum wenden, dann bleibt die Gabe nicht aus. »*... ehr wöör recht, as schull dat wat warden ...*«

Jene liebende, reiche, schöne Frau aus dem Märchen schnitt den Apfel (gab also ein weiteres Fruchtbarkeitssymbol hin), öffnete sich somit für das Leben (die Frucht), die Weisheit (Lebensbaum, Paradiesapfel, Geschenk der Urmutter Gaia an Hera) und die Veränderung. Dazu noch reichte sie ihr Blut und legte den Wunsch in den Schnee: »*... hadd ik doch en Kind, so rood as Blood un so witt as Snee ...*« Dann ging sie froh gestimmt nach Hause.

Da das Märchen den Gaben der Natur gewidmet ist, wird im Folgenden nicht die Schwangerschaft der Frau, sondern die Veränderung in der Natur beschrieben. In rhythmischen Bewegungen Einheit, Veränderung, geistige und irdische Ausrichtung markierend, wird Werden, Blühen, Fruchten und Vergehen dargestellt. Der Bezug zum Wacholderbaum bleibt bestehen, bis die Frau im 5. Monat unter ihm gar freudig war, im 7. Monat seine Früchte aß, im 8. Monat still und traurig wurde und bat, sollte sie sterben, dort, unter dem Wacholderbaum beerdigt zu werden. Nach der Geburt ihres Sohnes, den sie anschaute und seine Röte und Weisheit erblickte, verschied sie. So hat sie ihre Aufgabe erfüllt. Das Kind, das besondere (weiß wie Schnee und rot wie Blut, vgl. *Schneewittchen*), war geboren. Ihr Mann beerdigte sie unter dem Wacholderbaum.

Diese Frau ging diesen Seelenweg und wurde weise und gütig von dem Wacholderbaum begleitet. Noch andere Menschen gehen in diesem Märchen ihren Weg. Jede und jeder geht ihn auf seine besondere, einmalige Weise, so wie wir – jede/r für sich – den ganz individuellen und einzigartigen Weg gehen. Das Märchen lädt uns ein nachzuspüren, welcher Weg unserem Weg ähnelt. Gehen wir den Weg des Sohnes, der Frucht aus dem Initiationsritual seiner Mutter, so gehen wir einen tief greifenden, vollständig verändernden Weg. Die Zeiten der Kopflosigkeit, des Zerrissenseins, des Schlafes und der Verwandlung in die Leichtigkeit und Schau der Wahrheit werden durch und durch bebildert. Sie enden in der selbstlosen Empathiekraft, den anderen geben zu können, was sie auf ihrem irdischen Lebensweg brauchen, um ihren Lebensplan erfüllen zu können. Der Junge wird abgelehnt, enthauptet, zerstückelt, einverleibt, neu zusammengesetzt, verändert sich in einen Vogel (taucht wie Phönix aus der Asche) und singt sein Lied: »*Mein Mutter der mich schlacht, / mein Vater der mich aß, / mein Schwester der Marlenichen / sucht alle meine Benichen, / bind't sie in ein seiden Tuch, / legt's unter den Machandelboom. / Kywitt, kywitt, wat vör'n schöön Vagel bün ik!*« Das Lied, das er im Märchen achtmal singt, beschenkt ihn mit den Gaben, die er den anderen ins Leben geben möchte, die die anderen auf ihrem Lebensweg brauchen. Wie tröstend und beruhigend ein Lied sein kann. Es kann uns die Kraft geben annehmen, belassen und loslassen zu können wie ein Kinderlied, das uns beruhigt in den Schlaf gleiten ließ. Mehrmals gesungene Mantren wirkend verändernd auf den Geist. Sterbende, die mit Liedern sanft umsungen werden, können getrost in die Anderswelt sinken. Wie gut konnte sich Gretchen im Kerker[15] mit dem Lied schützen: »*Meine Mutter, die Hur, / Die mich umgebracht hat! / Mein Vater, der Schelm, / Der mich gessen hat! / Mein Schwesterlein klein / Hub auf die Bein / An einem kühlen Ort – / Da ward ich ein schönes Waldvögelein, / Fliege fort, fliege Fort!*«

---

[15] Goethe, J. W., *Faust*, 12. Aufl. 2011, S. 131

Der Junge geht den Weg der Verwandlung. Aus der Zerstückelung findet er den Weg in die Freiheit des Vogels – jener Bote zwischen den Welten, die den frühen, uns so fernen Kulturen so nahe war. Erst mit den monotheistischen Hochreligionen entstand eine Trennlinie zwischen den Welten, gab es einen Richter, einen Schuldsprecher und Sünde (die hoch bezahlt gemildert werden konnte). Das Märchen *Von dem Machandelboom* zeigt den Initiationsweg eines Schamanen (des Jungen). Er kann nach Vollendung der Initiation zwischen den Welten reisen, sich und andere in Trance singen und die Gestalt eines Tieres annehmen. Der Schamane erfährt eine Zerstückelung, die Chaotisierung in sich, um als Schamane geboren werden zu können.

Einen anderen Entwicklungsweg bieten uns die Schwester Marlenichen, der Vater und die Stiefmutter an:

Der Vater des Jungen überlässt diesen seinem Initiationsweg, greift also nicht verhindernd ein, sondern isst das Fleisch seines Sohnes, ohne es zu wissen, aber ahnend: »*Dat is, as wenn dat all myn wör*«, sprach er, während er das Fleisch vollständig verspeiste. Zu jener Zeit, als die Märchen ihren Ursprung hatten, aß man kein Fleisch, sondern man opferte Tiere, um sich durch ihr Fleisch zu erweitern, zu verändern. Der Vater wird vom Vogel-Sohn mit einer Goldkette beschenkt. Er eilt zum singenden Vogel – »*... my is recht, as schull ik enen olen Bekannten weddersehn ...*« – und wird von diesem durch die goldene Kette in Amt und Würden geadelt.

Marlenichen, die kleine Schwester, nimmt Schuld, ohne es zu wissen, auf sich. Sie meint, dem Bruder den Kopf abgeschlagen zu haben, und weint, weint, weint sich noch die Seele rein. Sie kann den Weg des Bruders noch nicht sehen und bleibt deshalb in der Schuld gefangen. So wie das Bild der Schuld für sie nicht stimmt, stimmt auch das Bild des Wirkens des Bösen bei der Mutter nicht. Marlenichen kann das aber nicht sehen. In der Begrenztheit ihrer Wahrnehmung gibt es *Schuld* und *Böse*, in der Wahrheit der Entwicklung nicht. Aber auch Marlenichen ahnt, denn sie wickelt in ihr schönstes Seidentuch all die Knöchelchen des Bruders und begräbt sie unter dem Wacholderbaum. Es ist ihr eingegeben, diesen

Beitrag zur Verwandlung des Bruders zum Schamanen zu leisten. Dafür wird sie mit roten Schuhen, mit denen es sich vortrefflich tanzen lässt, von dem Vogel-Bruder beschenkt. So schön ist das Bild, in dem der Bruder die Halbschwester aus der Kindheit durch das Labyrinth der Pubertät in das leichte, junge, freudige Frau-Werden führt.

Der andere Weg ist der schwerste Weg. Diesen geht die Stiefmutter. Sie nimmt die Eröffnung des Initiationsweges des Jungen auf sich, schiebt der Tochter die Verantwortung zu, wiegt den Vater in der Lüge, der Junge sei »öwer Land gaan« und zwingt somit alle in die Unwissenheit, vielleicht, damit der Junge ganz durch den Initiationsweg gehen kann. Sie hat ein schweres Los gezogen, denn ihr Weg führt zur Selbsterkenntnis des Luges und Truges und zwingt sie, mit dem Mühlstein am Hals, ihre Lebensschwere zu tragen. Es ist heute, wenn wir das Märchen lesen, an uns, auf die Bühne unseres Lebens zu schauen und gewahr zu werden, welcher Weg unser Weg ist. Gehen wir schlafwandlerisch durch Unwissenheit, verschieben wir Verantwortung oder spüren wir all unsere Entwicklungsphasen so tief und wahrhaftig, dass wir verändert, erweitert, erkennend aus den Lebensbildern hervor gehen?

2 Märchen im Leben

Mit dem *Aufflackern* einzelner Lebenssituationen wie Sternschnuppen bebilderte ich einen Abschnitt meines biografischen Laufes mit Märchen. Die aufgeführten Märchen waren Orientierungspfeiler, ein Gegenüber im Außen, das betrachtet werden kann, und seinen Abdruck ganz tief im Inneren hat, wo es keine Sprache gibt. Sie waren Wegweiser, Trost und Hoffnungsgeber. Sie hielten inne wie die Hoffnung: »*Und wenn sie nicht gestorben sind, dann leben sie noch heute.*« Aus meiner Lebenserfahrung, meiner Märchenfülle und meiner Beratungsarbeit mit Klientinnen und Klienten, die mit mir ihren Lebensfaden mit dem Erzählstrang ihres jeweils erinnerten oder gefundenen Bedeutungsmärchens verbanden, kristallisierten sich Aspekte heraus, die uns alle angehen, denen wir alle begegnen und die unausweichlich im Leben sind.

In verschiedenen Lebensphasen, mit unterschiedlicher Intensität und Dauer, in einzigartigen Bildern, mit ganz eigener Weise, sich das Erlebte bewusst zu machen, begegnen uns unterschiedliche Märchenthemen. So lassen sich die Märchenbilder in verschiedene Themenbereiche einordnen, wobei nie ein absoluter oder ausschließlicher Anspruch besteht. Jedes Märchen ist ein Bild für mehrere Lebensabschnitte, in denen sich immer auch mehrere Aspekte zeigen. Es lässt sich aber an jedem Märchen ein Hauptaspekt erkennen, an dem es zu verweilen gilt.

2.1 Einkehrmärchen:

- *Rapunzel* (KHM 12)
- *Das Mädchen ohne Hände* (KHM 31)
- *Dornröschen* (KHM 50)
- *Allerleirauh* (KHM 65)

Da ich in meiner Beratungsarbeit bisher mehr Klientinnen hatte, die sich vor und in ihrer Einkehrzeit an mich wandten, habe ich hier Märchen mit weiblichen Einkehrenden gewählt. Märchenbeispiele für männliche Einkehrende sind:

- Die weiße Schlange (KHM 17)
- Die drei Federn (KHM 63)
- Hans mein Igel (KHM 108)
- Der Eisenhans (KHM 136)
- Das Eselein (KHM 144)
- Die weiße Taube (1812)

2.1.1 Impulse:

- Wie Zeit und Raum labile Größen werden.
- Wie die Innenwelt ruft.
- Wie sich in der Stille der Lebensweg zeigt.

2.1.2 Einstimmung:

Wir alle kennen Zeiten der Einkehr. Es sind Stunden, Tage, Wochen oder Monate, in denen wir uns nur lose mit den Menschen oder den Situationen, in die wir geraten oder die wir gestalten, verbunden fühlen. Es ist fast wie ein Nebel um uns, der Gefühle mildert oder bedeckt, der Zeit fordert, der uns langsamer reagieren lässt oder zum Schweigen oder Nachdenken einlädt. Wir spüren, dass wir *nicht ganz da sind*, weil wir Dinge verlegen, Termine vergessen, Schlüssel etc. verlieren oder verschiedene Socken tragen. Manchmal wird alles auch anstrengender. Dann gehen uns alltägliche Tätigkeiten schwerer von der Hand oder wir spüren Unlust zu tun, was sonst mit Freude erledigt wird.

Die Zeiten der Einkehr werden auch bisweilen von uns *abgefordert*. Wenn uns z. B. eine Krankheit heimsucht, müssen wir in uns *einkehren*. Dann merken wir manchmal erst nach einer Weile die segensreiche Entscheidung des Körpers, uns zur Einkehr zu zwingen. Nicht immer werden die Zeiten der Einkehr gewünscht oder begrüßt. Selten ist es, dass wir uns für eine Woche im Kloster oder in der Natur entscheiden, dass wir in unseren Alltag Ruhezeiten einbauen, weil wir den Ruf nach Einkehr vernehmen.

Oft überfällt uns eine solche Zeitphase und wir spüren wenig oder keine Bereitschaft, ihr Zeit einzuräumen. Wenn wir dem Ruf nach Einkehr nicht folgen, wird dieser lauter und drängender, was nicht selten bedrohlich auf uns wirkt. Wir ahnen innere, gut vergrabene Seelenthemen und gehen in eine Fluchthaltung. Wir meiden dann die Zeit der Stille mit uns und füllen unseren Kalender fast unmerklich immer mehr, sodass Aktionismus den Ruf übertönt.

Es ist nicht vielen von uns vergönnt, der Einkehrzeit ohne dramatische Gefühlsverzerrungen oder Schwermut zu begegnen. Zu wenig wird über diese Zeitphasen gesprochen, sich über Erfahrungen ausgetauscht, werden sich gegenseitig Tipps gegeben, sodass wir uns oft sehr alleine und fremd fühlen. Nicht selten finden die Menschen den Weg zu Beratung und Hilfe, weil sie verunsichert sind und die Bedeutung, den Grund und Verlauf einer solchen Einkehrphase nicht kennen. Es kann schon beruhigend sein, als Beraterin den stärkenden, heilenden Charakter dieser Zeitphase hervorzuheben und als Begleiterin zur Verfügung zu stehen. Jeder von uns erlebt diese Phase anders, begegnet ihr auf eigene Weise und verlässt sie ganz sich selbst entsprechend wieder. Es sind achtsame Herzohren, die den Bildern und Beschreibungen der Einkehrenden lauschen. Klingt es nach: *Ich werde aus meinem Leben gezogen und will / muss nachdenken, reifen und Orientierung finden*? Oder hören wir eher ein: *Ich möchte hinaus. Am liebsten würde ich am See oder im Wald schlafen und schlicht, ohne die unzähligen Fesseln des Brauchens, Sicherns, Ablenkens ... zu spüren.*

Bisweilen werden die Einkehrzeiten auch als Weggeschickt-Werden (besonders bei Trennungen, Wechsel des Arbeitsplatzes oder der Wohnung) erlebt und zwingen dadurch den Einkehrenden in das Tal der Verletzungen und des Abschiedes. Oft erlebe ich, dass Menschen, die gerade eine Einkehrzeit gestalten, wach für ihre Träume, Fantasien und Intuitionen werden oder sich nach diesen Bildern in sich sehnen. Es kommt auch vor, dass wir meinen, nun wirklich schon genug an uns oder unserer Beziehung *gearbeitet* zu haben und endlich einfach nur angekommen sein wollen. Es fühlt sich dann so ungerecht an, dass noch eine Hürde, noch ein In-sich-Gehen notwendig ist, um die Not abzuwenden.

All diese Unterschiede im Umgang mit der Einkehrzeit wecken in mir als Beraterin Märchenbilder. Ein vorsichtiges Nachfragen, ob das *geweckte* Märchen bekannt ist und passen könnte, oder die Bitte, ein erinnertes oder eingefallenes Märchen zu nennen, ermöglichen die Hinführung zu den Bildern aus der Märchenwelt. Wenn die Klientin sich z. B. mit Rapunzel im Turm wiederfindet, ist es wichtig, zu schauen, wie bzw. aus welchem Grund sie da hineingekommen ist, wie sie die Zeit dort gestaltet, was ihr passiert, welchen Beitrag sie leistet, die Zeit der Einkehr zu verlassen, und in welchen neuen Lebensabschnitt sie gleiten darf.

In der Ruhe der Stille & Höhe lernt
Raraunl die Sprache der Vögel

2.1.3 Rapunzel (KHM 12)

Es war einmal ein Mann und eine Frau, die wünschten sich schon lange vergeblich ein Kind, endlich machte sich die Frau Hoffnung der liebe Gott werde ihren Wunsch erfüllen. Die Leute hatten in ihrem Hinterhaus ein kleines Fenster, daraus konnte man in einen prächtigen Garten sehen, der voll der schönsten Blumen und Kräuter stand; er war aber von einer hohen Mauer umgeben, und niemand wagte hinein zu gehen, weil er einer Zauberin gehörte, die große Macht hatte und von aller Welt gefürchtet ward. Eines Tags stand die Frau an diesem Fenster und sah in den Garten hinab, da erblickte sie ein Beet, das mit den schönsten Rapunzeln bepflanzt war: und sie sahen so frisch und grün aus, daß sie lüstern ward und das größte Verlangen empfand von den Rapunzeln zu essen. Das Verlangen nahm jeden Tag zu, und da sie wußte daß sie keine davon bekommen konnte, so fiel sie ganz ab, sah blaß und elend aus. Da erschrack der Mann und fragte »was fehlt dir, liebe Frau?« »Ach,« antwortete sie, »wenn ich keine Rapunzeln aus dem Garten hinter unserm Hause zu essen kriege, so sterbe ich.« Der Mann, der sie lieb hatte, dachte »eh du deine Frau sterben lässest, holst du ihr von den Rapunzeln, es mag kosten was es will.« In der Abenddämmerung stieg er also über die Mauer in den Garten der Zauberin, stach in aller Eile eine Hand voll Rapunzeln und brachte sie seiner Frau. Sie machte sich sogleich Salat daraus und aß sie in voller Begierde auf. Sie hatten ihr aber so gut, so gut geschmeckt, daß sie den andern Tag noch dreimal so viel Lust bekam. Sollte sie Ruhe haben, so mußte der Mann noch einmal in den Garten steigen. Er machte sich also in der Abenddämmerung wieder hinab, als er aber die Mauer herabgeklettert war, erschrack er gewaltig, denn er sah die Zauberin vor sich stehen. »Wie kannst du es wagen,« sprach sie mit zornigem Blick, »in meinen Garten zu steigen und wie ein Dieb mir meine Rapunzeln zu stehlen? das soll dir schlecht be-

kommen.« »Ach,« antwortete er, »laßt Gnade für Recht ergehen, ich habe mich nur aus Noth dazu entschlossen: meine Frau hat eure Rapunzeln aus dem Fenster erblickt, und empfindet ein so großes Gelüsten, daß sie sterben würde, wenn sie nicht davon zu essen bekäme.« Da ließ die Zauberin in ihrem Zorne nach und sprach zu ihm »verhält es sich so, wie du sagst, so will ich dir gestatten Rapunzeln mitzunehmen so viel du willst, allein ich mache eine Bedingung: du mußt mir das Kind geben, das deine Frau zur Welt bringen wird. Es soll ihm gut gehen, und ich will für es sorgen wie eine Mutter.« Der Mann sagte in der Angst alles zu, und als die Frau in Wochen kam, so erschien sogleich die Zauberin, gab dem Kinde den Namen Rapunzel und nahm es mit sich fort.

Rapunzel ward das schönste Kind unter der Sonne. Als es zwölf Jahre alt war, schloß es die Zauberin in einen Thurm, der in einem Walde lag, und weder Treppe noch Thüre hatte, nur ganz oben war ein kleines Fensterchen. Wenn die Zauberin hinein wollte, so stellte sie sich unten hin, und rief

»Rapunzel, Rapunzel,
laß mir dein Haar herunter.«

Rapunzel hatte lange prächtige Haare, fein wie gesponnen Gold. Wenn sie nun die Stimme der Zauberin vernahm, so band sie ihre Zöpfe los, wickelte sie oben um einen Fensterhaken, und dann fielen die Haare zwanzig Ellen tief herunter, und die Zauberin stieg daran hinauf.Nach ein paar Jahren trug es sich zu, daß der Sohn des Königs durch den Wald ritt und an dem Thurm vorüber kam. Da hörte er einen Gesang, der war so lieblich, daß er still hielt und horchte. Das war Rapunzel, die in ihrer Einsamkeit sich die Zeit damit vertrieb, ihre süße Stimme erschallen zu lassen. Der Königssohn wollte zu ihr hinauf steigen und suchte nach einer Thüre des Thurms, aber es war keine zu finden. Er ritt *heim, doch der Gesang hatte ihm so sehr das Herz gerührt, daß er jeden Tag hinaus in den Wald gieng und zuhörte. Als er einmal so hinter einem Baum stand, sah er daß eine Zauberin heran kam und hörte wie sie hinauf rief*

»Rapunzel, Rapunzel,
laß dein Haar herunter.«

Da ließ Rapunzel die Haarflechten herab, und die Zauberin stieg zu ihr hinauf. »Ist das die Leiter, auf welcher man hinauf kommt, so will ich auch einmal mein Glück versuchen.« Und den folgenden Tag, als es anfieng dunkel zu werden, gieng er zu dem Thurme und rief

»Rapunzel, Rapunzel,
laß dein Haar herunter.«

Alsbald fielen die Haare herab und der Königssohn stieg hinauf. Anfangs erschrack Rapunzel gewaltig als ein Mann zu ihr herein kam, wie ihre Augen noch nie einen erblickt hatten, doch der Königssohn fing an ganz freundlich mit ihr zu reden und erzählte ihr daß von ihrem Gesang sein Herz so sehr sei bewegt worden, daß es ihm keine Ruhe gelassen, und er sie selbst habe sehen müssen. Da verlor Rapunzel ihre Angst, und als er sie fragte ob sie ihn zum Manne nehmen wollte, und sie sah daß er jung und schön war, so dachte sie »der wird mich lieber haben als die alte Frau Gothel,« und sagte ja und legte ihre Hand in seine Hand. Sie sprach »ich will gerne mit dir gehen, aber ich weiß [68] nicht wie ich herab kommen kann. Wenn du kommst, so bring jedesmal einen Strang Seide mit, daraus will ich eine Leiter flechten und wenn die fertig ist, so steige ich herunter und du nimmst mich auf dein Pferd.« Sie verabredeten daß er bis dahin alle Abend zu ihr kommen sollte, denn bei Tag kam die Alte. Die Zauberin merkte auch nichts davon, bis einmal Rapunzel anfieng und zu ihr sagte »sag sie mir doch, Frau Gothel, wie kommt es nur, sie wird mir viel schwerer heraufzuziehen, als der junge Königssohn, der ist in einem Augenblick bei mir.« »Ach du gottloses Kind,« rief die Zauberin, »was muß ich von dir hören, ich dachte ich hätte dich von aller Welt geschieden, und du hast mich doch betrogen!« In ihrem Zorne packte sie die schönen Haare der Rapunzel, schlug sie ein paar mal um ihre linke Hand, griff eine Scheere mit der rechten, und ritsch, ratsch, waren sie abgeschnitten, und die schönen Flechten lagen auf der Erde. Und sie war so unbarmherzig daß sie die arme Rapunzel in eine Wüstenei brachte, wo sie in großem Jammer und Elend leben mußte.

Denselben Tag aber, wo sie Rapunzel verstoßen hatte, machte Abends die Zauberin die abgeschnittenen Flechten oben am Fensterhaken fest, und als der Königssohn kam und rief

»Rapunzel, Rapunzel,
laß dein Haar herunter,«

so ließ sie die Haare hinab. Der Königssohn stieg hinauf, aber er fand oben nicht seine liebste Rapunzel, sondern die Zauberin, die ihn mit bösen und giftigen Blicken ansah. »Aha,« rief sie höhnisch, »du willst die Frau Liebste holen, aber der schöne Vogel sitzt nicht mehr im Nest und singt nicht mehr, die Katze hat ihn geholt und wird dir auch noch die Augen auskratzen. Für dich ist Rapunzel verloren, du wirst sie nie wieder erblicken.« Der Königssohn gerieth außer sich vor Schmerz, und in der Verzweiflung sprang er den Thurm herab: das Leben brachte er davon, aber die Dornen, in die er fiel, zerstachen ihm die Augen. Da irrte er blind im Walde umher, aß nichts als Wurzeln und Beeren, und that nichts als jammern und weinen über den Verlust seiner liebsten Frau. So wanderte er einige Jahre im Elend umher und gerieth endlich in die Wüstenei, wo Rapunzel mit den Zwillingen, *die sie geboren hatte, einem Knaben und Mädchen, kümmerlich lebte. Er vernahm eine Stimme, und sie däuchte ihn so bekannt: da gieng er darauf zu, und wie er heran kam, erkannte ihn Rapunzel und fiel ihm um den Hals und weinte. Zwei von ihren Thränen aber benetzten seine Augen, da wurden sie wieder klar, und er konnte damit sehen wie sonst. Er führte sie in sein Reich, wo er mit Freude empfangen ward, und sie lebten noch lange glücklich und vergnügt.*

Dass Rapunzel von der Zauberin nicht eingesperrt wird, sondern möglicherweise aus einem Leben aus Wunschbild und Lustmaxime (so sehnlichst gewünscht / so stark ist die Lust auf den Salat …) befreit wird und eine Zeit der geistigen Reife (Turm für Weitblick und Geisteskraft) und des inneren Reichtums (goldene Haare) geschenkt bekommt, verändert die gewohnte Sichtweise auf das Märchen grundlegend. Denn immerhin sagt die Zauberin: »*Es soll ihm gutgehen, und ich will für es sorgen, wie eine Mutter.*« In der Urfassung des Rapunzel-Märchens wird die Zauberin von Rapunzel *Gode* genannt. *Gode* ist das weibliche Gegenüber zum Wort *God*, das einst für *Gott* stand und *das Gute* war. »*Gode ist für mich das angemessene Wort für die Große Göttin*«[16], schreibt D. Margotsdotter-Fricke.

Da plötzlich wird es im Märchen und auch in der Klientin gut, eine Einkehrzeit zu haben. Es ist ein Geschenk an uns selbst, diese zu leben, damit auch wir lange goldene Haare der Weisheit bekommen und die Sprache der Vögel erlernen können. Welch schöne *Muttergaben* werden Rapunzel da gereicht: Weisheit und Naturverbundenheit. Dass eine gereichte Gabe keine selbst errungene ist, erfährt die Zauberin aus Rapunzels Worten und Rapunzel in ihrem Leben, das sie zunächst einsam »*in eine Wüstenei brachte, wo sie in großem Jammer und Elend leben musste*«.

---

[16]Margotsdotter-Fricke, D., *Die gute Mär*, 2008, S. 45

Als Mutter will die Zauberin Rapunzel geben, was ihr selbst so wichtig ist – Weisheit und Naturverbundenheit. Als Gebende steht sie nun vor der pubertierenden Rapunzel, die zeigt: »*Das, was mir wichtig ist, kannst du mir nicht geben. Du hast gegeben, was dir wichtig ist und ich habe es. Nun gehe ich und hole mir das, was mir zu haben bestimmt ist. Deine Gaben sind meine Hilfskräfte.*« Wie eine Vogelmutter gilt es nun, das junge Vöglein, Rapunzel, zur rechten Zeit aus dem Nest auf ihren Weg zu stoßen. Daraufhin macht sich Rapunzel auf den Weg in die Armut (materielle Unabhängigkeit) und Einsamkeit (soziale Unabhängigkeit). Dieser schwere Weg ist ihre Art, frei zu werden und ihr eigenes Leben zu finden. Sie geht ihn. Sie hat Zwillinge (einen Knaben und ein Mädchen) und lebt dieses Leben als Mutter. Die Kinder spiegeln ihre zukünftige Situation wider. Den Zwillingen gleich wird sie mit dem Prinz ein Paar, weil auch dieser sich auf den Weg in seine Einkehr macht, sodass beide sehenden Auges, also willentlich entschieden, zusammenkommen können.

2.1.4 Das Mädchen ohne Hände (KHM 31)

Ein Müller war nach und nach in Armuth gerathen und hatte nichts mehr als seine Mühle und einen großen Apfelbaum dahinter. Einmal war er in den Wald gegangen Holz zu holen, da trat ein alter Mann zu ihm, den er noch niemals gesehen hatte, und sprach »was quälst du dich mit Holzhacken, ich will dich reich machen, wenn du mir versprichst was hinter deiner Mühle steht.« »Was kann das anders sein als mein Apfelbaum?« dachte der Müller, sagte »ja,« und verschrieb es dem fremden Manne. Der aber lachte höhnisch und sagte »nach drei Jahren will ich kommen und abholen was mir gehört,« und gieng fort. Als der Müller nach Haus kam, trat ihm seine Frau entgegen und sprach »sage mir, Müller, woher kommt der plötzliche Reichthum in unser Haus? auf einmal sind alle Kisten und Kasten voll, kein Mensch hats hereingebracht, und ich weiß nicht wie es zugegangen ist.« Er antwortete, »das kommt von einem fremden Manne, der mir im Walde begegnet ist und mir große Schätze verheißen hat; ich habe ihm dagegen verschrieben was hinter der Mühle steht: den großen Apfelbaum können wir wohl dafür geben.« »Ach, Mann,« sagte die Frau erschrocken, »das ist der Teufel gewesen: den Apfelbaum hat er nicht gemeint, sondern unsere Tochter, die stand hinter der Mühle und kehrte den Hof.«
Die Müllerstochter war ein schönes und frommes Mädchen, und lebte die drei Jahre in Gottesfurcht und ohne Sünde. Als nun die Zeit herum war, und der Tag kam, wo sie der Böse holen wollte, da wusch sie sich rein und machte mit Kreide einen Kranz um sich. Der Teufel erschien ganz frühe, aber er konnte ihr nicht nahe kommen. Zornig sprach er zum Müller »thu ihr alles Wasser weg, damit sie sich nicht mehr waschen kann, denn sonst habe ich keine Gewalt über sie.« Der Müller fürchtete sich und that es. Am andern Morgen kam der Teufel wieder, aber sie hatte auf ihre Hände geweint, und sie waren ganz rein. Da konnte er ihr

wiederum nicht nahen und sprach wüthend zu dem Müller »hau ihr die Hände ab, sonst kann ich ihr nichts anhaben.« Der Müller entsetzte sich und antwortete »wie könnt ich meinem eigenen Kinde die Hände abhauen!« Da drohte ihm der Böse und sprach »wo du es nicht thust, so bist du mein, und ich hole dich selber.« Dem Vater ward angst, und er versprach ihm zu gehorchen. Da gieng er zu dem Mädchen und sagte »mein Kind, wenn ich dir nicht beide Hände abhaue, so führt mich der Teufel fort, und in der Angst hab ich es ihm versprochen. Hilf mir doch in meiner Noth und verzeihe mir was ich böses an dir thue.« Sie antwortete, »lieber Vater, macht mit mir was ihr wollt, ich bin euer Kind.« Darauf legte sie beide Hände hin und ließ sie sich abhauen. Der Teufel kam zum drittenmal, aber sie hatte so lange und so viel auf die Stümpfe geweint, daß sie doch ganz rein waren. Da mußte er weichen und hatte alles Recht auf sie verloren.

Der Müller sprach zu ihr »ich habe so großes Gut durch dich gewonnen, ich will dich zeitlebens aufs köstlichste halten.« Sie antwortete aber »hier kann ich nicht bleiben: ich will fortgehen: mitleidige Menschen werden mir schon so viel geben als ich brauche.« Darauf ließ sie sich die verstümmelten Arme auf den Rücken binden, und mit Sonnenaufgang machte sie sich auf den Weg und gieng den ganzen Tag bis es Nacht ward. Da kam sie zu einem königlichen Garten, und beim Mondschimmer sah sie daß Bäume voll schöner Früchte darin standen; aber sie konnte nicht hinein, denn es war ein Wasser darum. Und weil sie den ganzen Tag gegangen war und keinen Bißen genossen hatte, und der Hunger sie quälte, so dachte sie »ach, wäre ich darin, damit ich etwas von den Früchten äße, sonst muß ich verschmachten.« Da kniete sie nieder, rief Gott den Herrn an und betete. Auf einmal kam ein Engel daher, der machte eine Schleuße in dem Wasser zu, so daß der Graben trocken ward und sie hindurch gehen konnte. Nun gieng sie in den Garten, und der Engel gieng mit ihr. Sie sah einen Baum mit Obst, das waren schöne Birnen, aber sie *waren alle gezählt. Da trat sie hinzu und aß eine mit dem Munde vom Baume ab, ihren Hunger zu stillen, aber nicht mehr. Der Gärtner sah es mit an, weil aber der Engel dabei stand, fürchtete er sich und meinte das Mädchen wäre ein Geist, schwieg still und getraute nicht zu rufen oder den Geist anzureden. Als sie die Birne gegessen hatte, war sie gesättigt, und gieng und versteckte sich in das Gebüsch. Der König, dem der Garten gehörte, kam am andern Morgen herab, da zählte er und sah daß eine der Birnen fehlte, und fragte den Gärtner wo sie hingekommen wäre: sie läge nicht unter dem Baume und wäre doch weg. Da antwortete der Gärtner »vorige Nacht kam ein Geist herein, der hatte keine Hände und aß eine mit dem Munde ab.« Der König sprach »wie ist der Geist über das Wasser herein gekommen? und wo ist er hingegangen, nachdem er die Birne gegessen hatte?« Der Gärtner antwortete »es kam jemand in schneeweißem Kleide vom Himmel, der hat die Schleuße zugemacht und das Wasser gehemmt, damit der Geist durch den Graben gehen konnte. Und weil es ein Engel muß gewesen sein, so habe ich mich gefürchtet, nicht gefragt und nicht gerufen. Als der Geist die Birne gegessen hatte, ist er wieder zurückgegangen.« Der König sprach »verhält es sich wie du sagst, so will ich diese Nacht bei dir wachen.«*

Als es dunkel ward, kam der König in den Garten, und brachte einen Priester mit, der sollte den Geist anreden. Alle drei setzten sich unter den Baum und gaben acht. Um Mitternacht kam das Mädchen aus dem Gebüsch gekrochen, trat zu dem Baum, und aß wieder mit dem Munde eine Birne ab; neben ihr aber stand der Engel im weißen Kleide. Da gieng der Priester hervor und sprach »bist du von Gott gekommen oder von der Welt? bist du ein Geist oder ein Mensch?« Sie antwortete »ich bin kein Geist, sondern ein armer Mensch, von allen verlassen, nur von Gott nicht.« Der König sprach »wenn du von aller Welt verlassen bist, so will ich dich nicht verlassen.« Er nahm sie mit sich in sein königliches Schloß, und weil sie so schön und fromm war, liebte er sie von

Herzen, ließ ihr silberne Hände machen und nahm sie zu seiner Gemahlin.

Nach einem Jahre mußte der König über Feld ziehen, da befahl er die junge Königin seiner Mutter, und sprach »wenn sie ins Kindbett kommt, so haltet und verpflegt sie wohl und schreibt mirs gleich in einem Briefe.« Nun gebar sie einen schönen Sohn. Da schrieb es die alte Mutter eilig und meldete ihm die frohe Nachricht. Der Bote aber ruhte unterwegs an einem Bache, und da er von dem langen Wege ermüdet war, schlief er ein. Da kam der Teufel, welcher der frommen Königin immer zu schaden trachtete, und vertauschte den Brief mit einem andern, darin stand daß die Königin einen Wechselbalg zur Welt gebracht hätte. Als der König den Brief las, erschrack er und betrübte sich sehr, doch schrieb er zur Antwort, sie sollten die Königin wohl halten und pflegen bis zu seiner Ankunft. Der Bote gieng mit dem Brief zurück, ruhte an der nämlichen Stelle und schlief wieder ein. Da kam der Teufel abermals und legte ihm einen andern Brief in die Tasche, darin stand sie sollten die Königin mit ihrem Kinde tödten. Die alte Mutter erschrack heftig als sie den Brief erhielt, konnte es nicht glauben und schrieb dem Könige noch einmal, aber sie bekam keine andere Antwort, weil der Teufel dem Boten jedesmal einen falschen Brief unterschob: und in dem letzten Briefe stand noch sie sollten zum Wahrzeichen Zunge und Augen der Königin aufheben.

Aber die alte Mutter weinte daß so unschuldiges Blut sollte vergossen werden, ließ in der Nacht eine Hirschkuh holen, schnitt ihr Zunge und Augen aus und hob sie auf. Dann sprach sie zu der Königin »ich kann dich nicht tödten lassen, wie der König befiehlt, aber länger darfst du nicht hier bleiben: geh mit deinem Kinde in die weite Welt hinein und komm nie wieder zurück.« Sie band ihr das Kind auf den Rücken, und die arme Frau gieng mit weiniglichen Augen fort. Sie kam in einen großen wilden Wald, da setzte sie sich auf ihre Knie und betete zu Gott, und der En-

gel des Herrn erschien ihr und führte sie zu einem kleinen Haus, daran war ein Schildchen mit den Worten »hier wohnt ein jeder frei.« Aus dem Häuschen kam eine schneeweiße Jungfrau, die sprach »willkommen, Frau Königin,« und führte sie hinein. Da band sie ihr den kleinen Knaben von dem Rücken und hielt ihn an ihre Brust, damit er trank, und legte ihn dann auf ein schönes gemachtes Bettchen. Da sprach die arme Frau »woher weißt du daß ich eine Königin war?« Die weiße Jungfrau antwortete »ich bin ein Engel, von Gott gesandt, dich und dein Kind zu verpflegen.« Da blieb sie in dem Hause sieben Jahre, und war wohl verpflegt, und durch Gottes Gnade wegen ihrer Frömmigkeit wuchsen ihr die abgehauenen Hände wieder.
Der König kam endlich aus dem Felde wieder nach Haus, und sein erstes war daß er seine Frau mit dem Kinde sehen wollte. Da fieng die alte Mutter an zu weinen und sprach »du böser Mann, was hast du mir geschrieben daß ich zwei unschuldige Seelen ums Leben bringen sollte!« und zeigte ihm die beiden Briefe, die der Böse verfälscht hatte, und sprach weiter »ich habe gethan wie du befohlen hast,« und wies ihm die Wahrzeichen, Zunge und Augen. Da fieng der König an noch viel bitterlicher zu weinen über seine arme Frau und sein Söhnlein, daß es die alte Mutter erbarmte, und sie zu ihm sprach »gib dich zufrieden, sie lebt noch. Ich habe eine Hirschkuh heimlich schlachten lassen und von dieser die Wahrzeichen genommen, deiner Frau aber habe ich ihr Kind auf den Rücken gebunden, und sie geheißen in die weite Welt zu gehen, und sie hat versprechen müssen nie wieder hierher zu kommen, weil du so zornig über sie wärst.« Da sprach der König, »ich will gehen so weit der Himmel blau ist, und nicht essen und nicht trinken bis ich meine liebe Frau und mein Kind wieder gefunden habe, wenn sie nicht in der Zeit umgekommen oder Hungers gestorben sind.«
Darauf zog der König umher, an die sieben Jahre lang, und suchte sie in allen Steinklippen und Felsenhöhlen, aber er fand sie

nicht und dachte sie wäre verschmachtet. Er aß nicht und trank nicht während dieser ganzen Zeit, aber Gott erhielt ihn. Endlich kam er in einen großen Wald und fand darin das kleine Häuschen, daran das Schildchen war mit den Worten »hier wohnt jeder frei.« Da kam die weiße Jungfrau heraus, nahm ihn bei der Hand, führte ihn hinein, und sprach »seid willkommen, Herr König,« und fragte ihn wo er her käme. Er antwortete »ich bin bald sieben Jahre umher gezogen, und suche meine Frau mit ihrem Kinde, ich kann sie aber nicht finden.« Der Engel bot ihm Essen und Trinken an, er nahm es aber nicht, und wollte nur ein wenig ruhen. Da legte er sich schlafen, und deckte ein Tuch über sein Gesicht.

Darauf gieng der Engel in die Kammer, wo die Königin mit ihrem Sohne saß, den sie gewöhnlich Schmerzenreich nannte, und sprach zu ihr »geh heraus mit sammt deinem Kinde, dein Gemahl ist gekommen.« Da gieng sie hin wo er lag, und das Tuch fiel ihm vom Angesicht. Da sprach sie »Schmerzenreich, heb deinem Vater das Tuch auf und decke ihm sein Gesicht wieder zu.« Das Kind hob es auf und deckte es wieder über sein Gesicht. Das hörte der König im Schlummer und ließ das Tuch noch einmal gerne fallen. Da ward das Knäbchen ungeduldig und sagte »liebe Mutter, wie kann ich meinem Vater das Gesicht zudecken, ich habe ja keinen Vater auf der Welt? Ich habe das Beten gelernt, unser Vater, der du bist im Himmel; da hast du gesagt mein Vater wär im Himmel und wäre der liebe Gott: wie soll ich einen so wilden Mann kennen? der ist mein Vater nicht.« Wie der König das hörte, richtete er sich auf und fragte wer sie wäre. Da sagte sie »ich bin deine Frau, und das ist dein Sohn Schmerzenreich.« Und er sah ihre lebendigen Hände und sprach »meine Frau hatte silberne Hände.« Sie antwortete »die natürlichen Hände hat mir der gnädige Gott wieder wachsen lassen;« und der Engel gieng in die Kammer, holte die silbernen Hände und zeigte sie ihm. Da sah er erst gewis daß es seine liebe Frau und sein liebes Kind war, und küßte sie *und war froh, und sagte »ein schwerer Stein ist von meinem Herzen gefallen.« Da speiste sie der Engel Gottes noch einmal zusammen, und dann giengen sie nach Haus zu seiner alten Mutter. Da war große Freude überall, und der König und die Königin hielten noch einmal Hochzeit, und sie lebten vergnügt bis an ihr seliges Ende.*

Eine ganz andere Einkehr suchte *Das Mädchen ohne Hände* auf. Ihr Elternhaus hatte ihr nichts außer Armut, Angst und Unsicherheit gegeben – sie bekam so viel davon, dass sie unfähig wurde zu handeln, handlungslos (also Hände-los) und wegging. Diese Entscheidung belohnten Engel und der König, dem der Birnenbaum, von dem sie sich ernährte, gehörte. Nun wurde ihre Handlungsunfähigkeit versilbert und wenigstens scheinbar aufgehoben. Silberne Hände zierten ihre Arme.

Aber das Leben macht keine Kompromisse. Es lässt sich nicht *abspeisen*. Es fehlte die Zeit der Einkehr. Dieses Märchen zeigt, wie auch *Rapunzel*, dass in einer Beziehung die Einkehr des einen Zeit der Veränderung und Läuterung im anderen aufkommen lässt. Erst wenn beide sich auf das Feld der neuen Erfahrungen, Einsichten und Schmerzen einlassen, können sie eine reife, entschiedene und gewählte Beziehung leben und gestalten. Erst wenn wir unser Leben im Haus der Freiheit (»*hier wohnt ein jeder frei*«) eingerichtet haben, können wir offen und bereit vor die Türe treten und den Liebsten begrüßen.

Bevor das Mädchen ohne Hände in dieser Freiheit und Reife (hier tritt ein weißer Engel auf und begleitet die Zeit der Einkehr) angekommen war, musste sie ein zweites Mal ihre eingerichtete Sicherheit verlassen. Wieder ging sie, beschenkt mit einem Kind, aber noch nicht reif genug, eine Partnerschaft zu führen. Sie war noch nicht in ihrer Handlungsfreiheit angekommen. Noch waren die Hände aus Silber. Die Reife für eine Partnerschaft hat das Mädchen dann erreicht, wenn sie handeln kann, wenn also der Mangel in ihrem Leben, all die frühkindlichen Erfahrungen, erlöst und aufgehoben sind. Sie brauchte sieben Jahre.

Auch in unserer schnelllebigen Zeit dauert es sieben Jahre, bis alle Zellen

erneuert sind, wir sozusagen ein *neuer Mensch* sind und die Häutung abgeschlossen ist. In Sieben-Jahres-Schritten verläuft unsere Biografie. *»Der Siebenjahreszyklus ist das Grundelement der biografischen Zeitstruktur; er wurde zuerst im fünften Jahrhundert v. Chr. von Hippokrates beschrieben.«*[17]
Sieben Schöpfungstage gibt es, sieben Tage hat die Woche, sieben Zwerge sind da, um Schneewittchen durch ihre Einkehr zu begleiten, sieben Tore durchwandert Inanna, sieben Fliegen geben dem Schneider Mut, sieben Metalle, Planeten, Weltmeere, Tugenden ... gibt es. Wie das Mädchen ohne Hände so gibt sich auch der König seiner sieben Jahre dauernden Einkehr hin. Während er die Natur durchdringt, begibt sie sich ins Reich des Geistigen (Engel). So wird sie handlungsfähig und ihm konnte *»ein schwerer Stein«* vom Herzen fallen.

---

[17] O'Neil, G. und G., Lowndes, *Der Lebenslauf*, F. 4. Aufl. 2014, S. 341

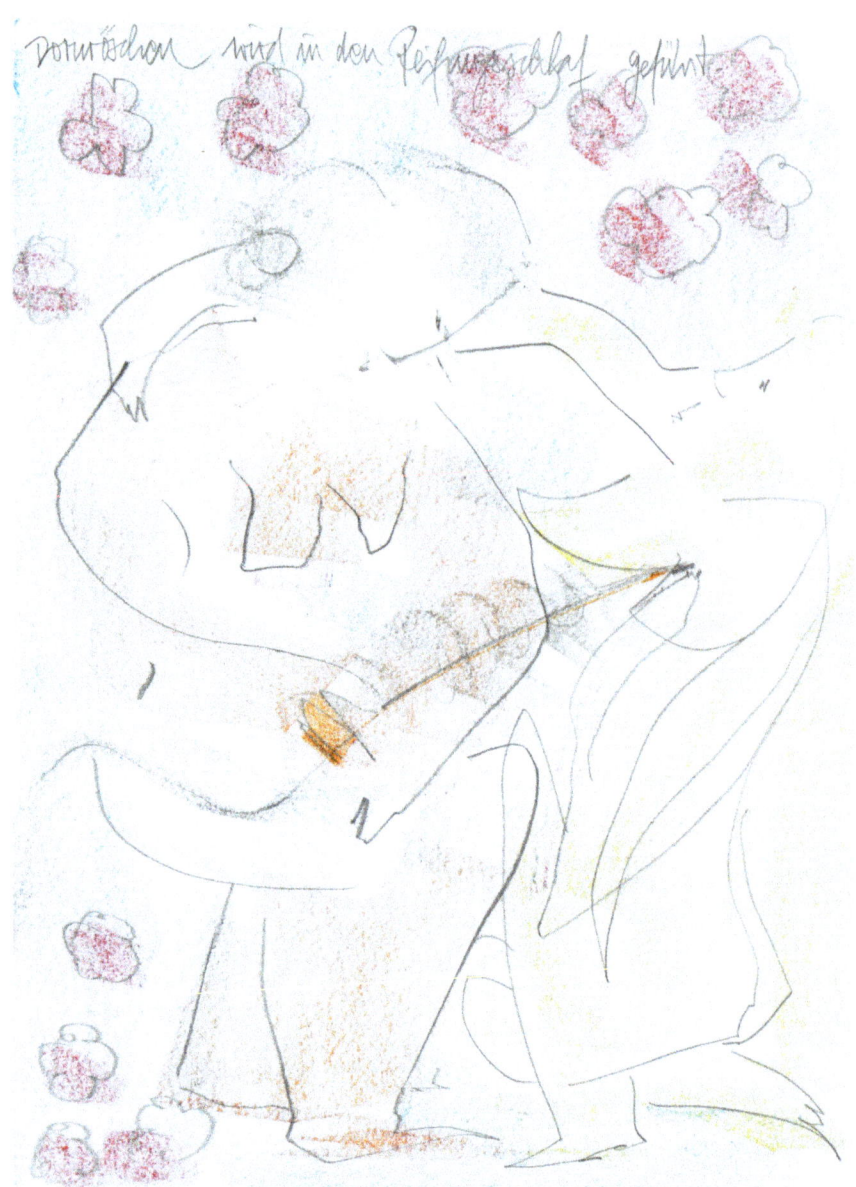

2.1.5 Dornröschen (KHM 50)

Vor Zeiten war ein König und eine Königin, die sprachen jeden Tag »ach, wenn wir doch ein Kind hätten!« und kriegten immer keins. Da trug sich zu, als die Königin einmal im Bade saß, daß ein Frosch aus dem Wasser ans Land kroch und zu ihr sprach, »dein Wunsch wird erfüllt werden, ehe ein Jahr vergeht, wirst du eine Tochter zur Welt bringen.« Was der Frosch gesagt hatte, das geschah, und die Königin gebar ein Mädchen, das war so schön, daß der König vor Freude sich nicht zu lassen wußte und ein großes Fest anstellte. Er ladete nicht blos seine Verwandte, Freunde und Bekannte, sondern auch die weisen Frauen dazu ein, damit sie dem Kind hold und gewogen wären. Es waren ihrer dreizehn in seinem Reiche, weil er aber nur zwölf goldene Teller hatte, von welchen sie essen sollten, so mußte eine von ihnen daheim bleiben. Das Fest ward mit aller Pracht gefeiert, und als es zu Ende war, beschenkten die weisen Frauen das Kind mit ihren Wundergaben: die eine mit Tugend, die andere mit Schönheit, die dritte mit Reichthum, und so mit allem, was auf der Welt zu wünschen ist. Als elfe ihre Sprüche eben gethan hatten, trat plötzlich die dreizehnte herein. Sie wollte sich dafür rächen daß sie nicht eingeladen war, und ohne jemand zu grüßen oder nur anzusehen, rief sie mit lauter Stimme »die Königstochter soll sich in ihrem funfzehnten Jahr an einer Spindel stechen und todt hinfallen.« Und ohne ein Wort weiter zu sprechen kehrte sie sich um und verließ den Saal. Alle waren erschrocken, da trat die zwölfte hervor, die ihren Wunsch noch übrig hatte und weil sie den bösen Spruch nicht aufheben, sondern nur ihn mildern konnte, so sagte sie »es soll aber kein Tod sein, sondern ein hundertjähriger tiefer Schlaf, in welchen die Königstochter fällt.«
Der König, der sein liebes Kind vor dem Unglück gern bewahren wollte, ließ den Befehl ausgehen, daß alle Spindeln im ganzen Königreiche sollten verbrannt werden. An dem Mädchen aber

wurden die Gaben der weisen Frauen sämmtlich erfüllt, denn es war so schön, sittsam, freundlich und verständig, daß es jedermann, der es ansah, lieb haben mußte. Es geschah, daß an dem Tage, wo es gerade funfzehn Jahr alt ward, der König und die Königin nicht zu Haus waren, und das Mädchen ganz allein im Schloß zurückblieb. Da gieng es aller Orten herum, besah Stuben und Kammern, wie es Lust hatte, und kam endlich auch an einen alten Thurm. Es stieg die enge Wendeltreppe hinauf, und gelangte zu einer kleinen Thüre. In dem Schloß steckte ein verrosteter Schlüssel, und als es umdrehte, sprang die Thüre auf, und saß da in einem kleinen Stübchen eine alte Frau mit einer Spindel und spann emsig ihren Flachs. »Guten Tag, du altes Mütterchen,« sprach die Königstochter, »was machst du da?« »Ich spinne,« sagte die Alte und nickte mit dem Kopf. »Was ist das für ein Ding, das so lustig herumspringt?« sprach das Mädchen, nahm die Spindel und wollte auch spinnen. Kaum hatte sie aber die Spindel angerührt, so gieng der Zauberspruch in Erfüllung, und sie stach sich damit in den Finger.

In dem Augenblick aber, wo sie den Stich empfand, fiel sie auf das Bett nieder, das da stand, und lag in einem tiefen Schlaf. Und dieser Schlaf verbreitete sich über das ganze Schloß: der König und die Königin, die eben heim gekommen waren und in den Saal getreten waren, fiengen an einzuschlafen, und der ganze Hofstaat mit ihnen. Da schliefen auch die Pferde im Stall, die Hunde im Hofe, die Tauben auf dem Dache, die Fliegen an der Wand, ja, das Feuer, das auf dem Herde flackerte, ward still und schlief ein, und der Braten hörte auf zu brutzeln, und der Koch, der den Küchenjungen, weil er etwas versehen hatte, in den Haaren ziehen wollte, ließ ihn los und schlief. Und der Wind legte sich, und auf den Bäumen vor dem Schloß regte sich kein Blättchen mehr.

Rings um das Schloß aber begann eine Dornenhecke zu wachsen, die jedes Jahr höher ward, und endlich das ganze Schloß umzog, und darüber hinaus wuchs, daß gar nichts mehr davon zu sehen war, selbst nicht die Fahne auf dem Dach. Es gieng aber die Sage in dem Land von dem schönen schlafenden Dornröschen, denn so ward die Königstochter genannt, also daß von Zeit zu Zeit Königssöhne kamen und durch die Hecke in das Schloß dringen wollten. Es war ihnen aber nicht möglich, denn die Dornen, als hätten sie Hände, hielten fest zusammen, und die Jünglinge blieben darin hängen, konnten sich nicht wieder los machen und starben eines jämmerlichen Todes. Nach langen langen Jahren kam wieder einmal ein Königssohn in das Land, und hörte wie ein alter Mann von der Dornhecke erzählte, es sollte ein Schloß dahinter stehen, in welchem eine wunderschöne Königstochter, Dornröschen genannt, schon seit hundert Jahren schliefe, und mit ihr schliefe der König und die Königin und der ganze Hofstaat. Er wußte auch von seinem Großvater daß schon viele Königssöhne gekommen wären und versucht hätten durch die Dornenhecke zu dringen, aber sie wären darin hängen geblieben und eines traurigen Todes gestorben. Da sprach der Jüngling »ich fürchte mich nicht, ich will hinaus und das schöne Dornröschen sehen.« Der gute Alte mochte ihm abrathen, wie er wollte, er hörte nicht auf seine Worte.

Nun waren aber gerade die hundert Jahre verflossen, undder Tag war gekommen, wo Dornröschen wieder erwachen sollte. Als der Königssohn sich der Dornenhecke näherte, waren es lauter große schöne Blumen, die thaten sich von selbst auseinander und ließen ihn unbeschädigt hindurch, und hinter ihm thaten sie sich wieder als eine Hecke zusammen. Im Schloßhof sah er die Pferde und scheckigen Jagdhunde liegen und schlafen, auf dem Dache saßen die Tauben und hatten das Köpfchen unter den Flügel gesteckt. Und als er ins Haus kam, schliefen die Fliegen an der Wand, der Koch in der Küche hielt noch die Hand, als wollte er den Jungen anpacken, und die Magd saß vor dem schwarzen Huhn, das sollte gerupft werden. Da gieng er weiter, und sah im Saale den ganzen

Hofstaat liegen und schlafen, und oben bei dem Throne lag der König und die Königin. Da gieng er noch weiter, und alles war so still, daß einer seinen Athem hören konnte, und endlich kam er zu dem Thurm und öffnete die Thüre zu der kleinen Stube, in welcher Dornröschen schlief. Da lag es und war so schön, daß er die Augen nicht abwenden konnte, und er bückte sich und gab ihm einen Kuß. Wie er es mit dem Kuß berührt hatte, schlug Dornröschen die Augen auf, erwachte, und blickte ihn ganz freundlich an. Da giengen sie zusammen herab, und der König erwachte und die Königin, und der ganze Hofstaat, und sahen einander mit großen Augen an. Und die Pferde im Hof standen auf und rüttelten sich: die Jagdhunde sprangen und wedelten: die Tauben auf dem Dache zogen das Köpfchen unterm Flügel hervor, sahen umher und flogen ins Feld: die Fliegen an den Wänden krochen weiter: das Feuer in der Küche erhob sich, flackerte: und kochte das Essen: der Braten fieng wieder an zu brutzeln: und der Koch gab dem Jungen eine Ohrfeige daß er schrie: und die Magd rupfte das Huhn fertig. Und da wurde die Hochzeit des Königssohns mit dem Dornröschen in aller Pracht gefeiert, und sie lebten vergnügt bis an ihr Ende.

Auch Dornröschen möchte die Einkehr. Sie schlief 100 Jahre. Das ist lange. Es zeigt, dass es viel, viel Zeit braucht, bis die Einheit, die Ganzheit wieder hergestellt ist (Erhöhung der eins durch zwei Nullen!).
Dornröschens Leben begann nach langem Wunsch. Und wie das so ist, wird das, was wir uns lange wünschen, erhöht. Es sind so viele Erfüllungsbilder darin, dass das Gewünschte sich selbst gar nicht recht in seinem Geheimnis, seinem Werden, seiner Freiheit und Ganzheit zeigen darf. Oft spüren Klientinnen, die Wunschkinder sind, dies nach einer Fehlgeburt, einer Todgeburt oder langem Warten. Manchmal sind sie auch endlich selbst das ersehnte Mädchen. Sie fühlen sich dann oft nicht gesehen oder in ihrer Entwicklung nicht belassen. An diesem Kind dürfen sich dann nur die allerschönsten Seiten zeigen. Das Leben wird für das Kind zu einem

Rosengarten (im Vergleich zur Dornenhecke) gemacht, in dem es nur Freude, Schönheit und Reichtum gibt. Aber so ist das Leben nicht.
Das allerdings wussten in diesem Märchen nur die 13. Fee und Dornröschen selbst. Die 13. Fee ist jene Fee, die noch an den weiblichen Mondkräften (13 Monde sind ein Jahr) und nicht an den späteren männlichen Sonnenkräften (365 Tage sind ein Sonnenumlauf und damit ein Jahr und so nur 12 Mondumläufe) orientiert ist. Dornröschens Neugierde und Mut trieben sie in unbekannte Reiche. In den Turm stieg sie, in jenen Ort, der schon bei Rapunzel zu weisem Weitblick und Göttinnen-Nähe führt. Dort warteten die Lebensbereiche, die der Vater seiner Tochter vorenthalten wollte. Er wollte, dass das Leben seines Kindes ein *Sonnenleben* sein sollte. Dass das Leben auch Mondseiten, Schattenseiten oder Nachtseiten (und damit Traumseiten) hat, wollte er verbergen. Diese sollte es wie die Nadeln im Reich nicht geben und sollten sonnenheiß verbrannt werden.

Dornröschen aber ging ihren Weg. Wie jede Klientin ihren Weg geht und Mut und Neugierde für Lebensbereiche aufbringt, die ihr verborgen geblieben sind, fand Dornröschen die unbekannte, nie gesehene Tür und stieg die dunklen Treppenstufen empor. Sie ging in die Tiefen (dunkle, enge Wendeltreppe) und damit in die Höhen (Turm) ihrer ganzheitlichen Weiblichkeit – dorthin, wo Blut noch heilig war (wenn wir uns stechen, bluten wir, mit 15 Jahren fließt das Menstruationsblut, rote Rosen beginnen zu wachsen) und das Weibliche mit all seinen Mondkräften als Göttinnen-Kraft anerkannt wurde. In diese Ursprünge gelangen wir alle nur über unsere Nachtbilder, unsere Träume. Dort sind archaische und kollektive Bilder zu Hause, dort symbolisiert sich Sehnsucht, Erkenntnis und wahre Empfindung in Bildern.

Dornröschen tauchte in das Reich der Träume. Weil sie große, weite Kräfte hatte, konnte sie das ganze Schloss in den Bann dieses Schlafes ziehen. 100 Jahre währte ihr Schlaf, bis die Göttinnen-Kraft ihre Dornen zurückzog und sich duftig-samtig (dem weiblichen Schoße gleich, der sich hingibt) öffnete, Leben zu empfangen und zu geben. Welch schönes Leben war in diesem Reich nach (nur) 100 Jahren möglich!

2.1.6 Allerleirauh (KHM 65)

Es war einmal ein König, der hatte eine Frau mit goldenen Haaren, und sie war so schön, daß sich ihres Gleichen nicht mehr auf Erden fand. Es geschah, daß sie krank lag, und als sie fühlte daß sie bald sterben würde, rief sie den König und sprach »wenn du nach meinem Tode dich wieder vermählen willst, so nimm keine, die nicht eben so schön ist, als ich bin, und die nicht solche goldene Haare hat, wie ich habe; das mußt du mir versprechen.« Nachdem es ihr der König versprochen hatte, that sie die Augen zu und starb.

Der König war lange Zeit nicht zu trösten und dachte nicht daran, eine zweite Frau zu nehmen. Endlich sprachen seine Räthe »es geht nicht anders, der König muß sich wieder vermählen, damit wir eine Königin haben.« Nun wurden Boten weit und breit umhergeschickt, eine Braut zu suchen, die an Schönheit der verstorbenen Königin ganz gleich käme. Es war aber keine in der ganzen Welt zu finden, und wenn man sie auch gefunden hätte, so war doch keine da, die solche goldene Haare gehabt hätte. Also kamen die Boten unverrichteter Sache wieder heim.

Nun hatte der König eine Tochter, die war gerade so schön wie ihre verstorbene Mutter, und hatte auch solche goldene Haare. Als sie herangewachsen war, sah sie der König einmal an und sah daß sie in allem seiner verstorbenen Gemahlin ähnlich war und fühlte plötzlich eine heftige Liebe zu ihr. Da sprach er zu seinen Räthen »ich will meine Tochter heirathen, denn sie ist das Ebenbild meiner verstorbenen Frau, und sonst kann ich doch keine Braut finden, die ihr gleicht.« Als die Räthe das hörten, erschraken sie und sprachen »Gott hat verboten daß der Vater seine Tochter heirathe, aus der Sünde kann nichts Gutes entspringen und das Reich wird mit ins Verderben gezogen.« Die Tochter erschrak noch mehr als sie den Entschluß ihres Vaters vernahm, hoffte aber ihn von seinem Vorhaben noch abzubringen. Da sagte *sie zu ihm »eh ich euren Wunsch erfülle, muß ich erst drei Kleider haben, eins so golden wie die Sonne, eins so silbern wie der Mond, und eins so glänzend wie die Sterne; ferner verlange ich einen Mantel von tausenderlei Pelz und Rauhwerk zusammengesetzt, und ein jedes Thier in euerm Reich muß ein Stück von seiner Haut dazu geben.« Sie dachte aber »das anzuschaffen ist ganz unmöglich, und ich bringe damit meinen Vater von seinen bösen Gedanken ab.« Der König ließ aber nicht ab, und die geschicktesten Jungfrauen in seinem Reiche mußten die drei Kleider weben, eins so golden wie die Sonne, eins so silbern wie der Mond, und eins so glänzend wie die Sterne; und seine Jäger mußten alle Thiere im ganzen Reiche auffangen und ihnen ein Stück von ihrer Haut abziehen; daraus ward ein Mantel von tausenderlei Rauhwerk gemacht. Endlich, als alles fertig war, ließ der König den Mantel herbei holen, breitete ihn vor ihr aus und sprach »morgen soll die Hochzeit sein.«*

Als nun die Königstochter sah daß keine Hoffnung mehr war ihres Vaters Herz umzuwenden, so faßte sie den Entschluß zu entfliehen. In der Nacht, während alles schlief, stand sie auf und nahm von ihren Kostbarkeiten dreierlei, einen goldenen Ring, ein goldenes Spinnrädchen und ein goldenes Haspelchen; die drei Kleider von Sonne Mond und Sternen, that sie in eine Nußschale, zog den Mantel von allerlei Rauhwerk an und machte sich Gesicht und Hände mit Ruß schwarz. Dann befahl sie sich Gottund gieng fort, und gieng die ganze Nacht, bis sie in einen großen Wald kam. Und weil sie müde war, setzte sie sich in einen hohlen Baum, und schlief ein.

Die Sonne gieng auf und sie schlief fort und schlief noch immer, als es schon hoher Tag war. Da trug es sich zu, daß der König, dem dieser Wald gehörte, darin jagte. Als seine Hunde zu dem Baum kamen, schnupperten sie, liefen rings herum und bellten. Sprach der König zu den Jägern »seht doch was dort für ein Wild sich versteckt hat.« Die Jäger folgten dem Befehl, und als sie wieder kamen, sprachen sie »in dem hohlen Baum liegt ein wunderliches Thier, wie wir noch niemals eins gesehen haben: an seiner Haut ist tausenderlei Pelz; es liegt aber und schläft.« Sprach der König »seht zu ob ihrs lebendig fangen könnt, dann bindets auf den Wagen und nehmts mit.« Als die Jäger das Mädchen anfaßten, erwachte es voll Schrecken und rief ihnen zu »ich bin ein armes Kind, von Vater und Mutter verlassen, erbarmt euch mein und nehmt mich mit.« Da sprachen sie »Allerleirauh, du bist gut für die Küche, komm nur mit, da kannst du die Asche zusammenkehren.« Also setzten sie es auf den Wagen und fuhren heim in das königliche Schloß. Dort wiesen sie ihm ein Ställchen an unter der Treppe, wo kein Tageslicht hinkam, und sagten »Rauhthierchen, da kannst du wohnen und schlafen.« Dann ward es in die Küche geschickt, da trug es Holz und Wasser, schürte das Feuer, rupfte das Federvieh, belas das Gemüs, kehrte die Asche und that alle schlechte Arbeit.

Da lebte Allerleirauh lange Zeit recht armselig. Ach, du schöne Königstochter, wie solls mit dir noch werden! Es geschah aber einmal, daß ein Fest im Schloß gefeiert ward, da sprach sie zum Koch »darf ich ein wenig hinauf gehen und zusehen? ich will mich außen vor die Thüre stellen.« Antwortete der Koch »ja, geh nur hin, aber in einer halben Stunde mußt du wieder hier sein unddie Asche zusammentragen.« Da nahm sie ihr Öllämpchen, gieng in ihr Ställchen, zog den Pelzrock aus und wusch sich den Ruß von dem Gesicht und den Händen ab, so daß ihre volle Schönheit wieder an den Tag kam. Dann machte sie die Nuß auf und holte ihr Kleid hervor, das wie die Sonne glänzte. Und wie das geschehen war, gieng sie hinauf zum Fest, und alle traten ihr aus dem Weg, denn niemand kannte sie, und meinten nicht anders als daß es eine Königstochter wäre. Der König aber kam ihr entgegen, reichte ihr die Hand und tanzte mit ihr, und dachte in seinem Herzen »so schön haben meine Augen noch keine gesehen.« Als der Tanz zu Ende war, verneigte sie sich, und wie sich der König *umsah, war sie verschwunden, und niemand wußte wohin. Die Wächter, die vor dem Schlosse standen, wurden gerufen und ausgefragt, aber niemand hatte sie erblickt.*

Sie war aber in ihr Ställchen gelaufen, hatte geschwind ihr Kleid ausgezogen, Gesicht und Hände schwarz gemacht und den Pelzmantel umgethan, und war wieder Allerleirauh. Als sie nun in die Küche kam, und an ihre Arbeit gehen und die Asche zusammenkehren wollte, sprach der Koch »laß das gut sein bis morgen und koche mir da die Suppe für den König, ich will auch einmal ein bischen oben zugucken: aber laß mir kein Haar hineinfallen, sonst kriegst du in Zukunft nichts mehr zu essen.« Da gieng der Koch fort, und Allerleirauh kochte die Suppe für den König, und kochte eine Brotsuppe, so gut es konnte, und wie sie fertig war, holte es in dem Ställchen seinen goldenen Ring und legte ihn in die Schüssel, in welche die Suppe angerichtet ward. Als der Tanz zu Ende war, ließ sich der König die Suppe bringen und aß sie, und sie schmeckte ihm so gut, daß er meinte niemals eine bessere Suppe gegessen zu haben. Wie er aber auf den Grund kam, sah er da einen goldenen Ring liegen und konnte nicht begreifen wie er dahin gerathen war. Da befahl er der Koch sollte vor ihnkommen. Der Koch erschrack, wie er den Befehl hörte, und sprach zu Allerleirauh »gewiß hast du ein Haar in die Suppe fallen lassen; wenns wahr ist, so kriegst du Schläge.« Als er vor den König kam, fragte dieser wer die Suppe gekocht hätte? Antwortete der Koch »ich habe sie gekocht.« Der König aber sprach »das ist nicht wahr, denn sie war auf andere Art und viel besser gekocht als sonst.« Antwortete er »ich muß es gestehen daß ich sie nicht gekocht habe, sondern das Rauhthierchen.« Sprach der König »geh und laß es herauf kommen.«

Als Allerleirauh kam, fragte der König »wer bist du?« »Ich bin ein armes Kind, das keinen Vater und Mutter mehr hat.« Fragte er weiter »wozu bist du in meinem Schloß?« Antwortete es »ich bin zu nichts gut als daß mir die Stiefeln um den Kopf geworfen werden.« Fragte er weiter »wo hast du den Ring her, der in der Suppe war?« Antwortete es »von dem Ring weiß ich nichts.« Also konnte der König nichts erfahren und mußte es wieder fortschicken.

Über eine Zeit war wieder ein Fest, da bat Allerleirauh den Koch wie vorigesmal um Erlaubnis zusehen zu dürfen. Antwortete er »ja, aber komm in einer halben Stunde wieder und koch dem König die Brotsuppe, die er so gerne ißt.« Da lief es in sein Ställchen, wusch sich geschwind und nahm aus der Nuß das Kleid, das so silbern war wie der Mond, und that es an. Da gieng sie hinauf, und glich einer Königstochter: und der König trat ihr entgegen und freute sich daß er sie wiedersah, und weil eben der Tanz anhub, so tanzten sie zusammen. Als aber der Tanz zu Ende war, verschwand sie wieder so schnell daß der König nicht bemerken konnte wo sie hingieng. Sie sprang aber in ihr Ställchen, und machte sich wieder zum Rauhthierchen, und gieng in die Küche, die Brotsuppe zu kochen. Als der Koch oben war, holte es das goldene Spinnrad und that es in die Schüssel, so daß die Suppe darüber angerichtet wurde. Danach ward sie dem König gebracht, der aß sie und sie schmeckte ihm so gut, wie das vorigemal, und ließ den Koch kommen, der mußte auch diesmal gestehen daß Allerleirauh die Suppe gekocht hätte. Allerleirauh kam da wieder vor den König, aber sie antwortete daß sie nur dazu da wäre, daß ihr die Stiefeln an den Kopf geworfen würden und daß sie von dem goldenen Spinnrädchen gar nichts wüßte.

Als der König zum drittenmal ein Fest anstellte, da gieng es nicht anders als die vorigemale. Der Koch sprach zwar »du bist eine Hexe, Rauhthierchen, und thust immer etwas in die Suppe, davon sie so gut wird, und dem König besser schmeckt als was ich koche;« doch weil es so bat, so ließ er es auf die bestimmte Zeit hingehen. Nun zog es ein Kleid an, das wie die Sterne glänzte, und trat damit in den Saal. Der König tanzte wieder mit der schönen Jungfrau und meinte daß sie noch niemals so schön ge-

wesen wäre. Und während er tanzte, steckte er ihr, ohne daß sie es merkte, einen goldenen Ring an den Finger, und hatte befohlen daß der Tanz recht lang währen sollte. Wie er zu Ende war, wollte er sie an den Händen fest halten, aber sie riß sich los und sprang so geschwind unter die Leute, daß sie vor seinen Augen verschwand. Sie lief, was sie konnte, in ihr Ställchen unter der Treppe, weil sie aber zu lange und über eine halbe Stunde geblieben war, so konnte sie das schöne Kleid nicht ausziehen, sondern warf nur den Mantel von Pelz darüber, und in der Eile machte sie sich auch nicht ganz rußig, sondern ein Finger blieb weiß. Allerleirauh lief nun in die Küche, kochte dem König die Brotsuppe und legte, wie der Koch fort war, den goldenen Haspel hinein. Der König als er den Haspel auf dem Grunde fand, ließ Allerleirauh rufen: da erblickte er den weißen Finger und sah den Ring, den er im Tanze ihr angesteckt hatte. Da ergriff er sie an der Hand, und hielt sie fest, und als sie sich losmachen und fortspringen wollte, that sich der Pelzmantel ein wenig auf, und das Sternenkleid schimmerte hervor. Der König faßte den Mantel und riß ihn ab. Da kamen die goldenen Haare hervor und sie stand da in voller Pracht und konnte sich nicht länger verbergen. Und als sie Ruß und Asche aus ihrem Gesicht gewischt hatte, da war sie schöner als man noch jemand auf Erden gesehen hat. Der König aber sprach »du bist meine liebe Braut, und wir scheiden nimmermehr von einander.« Darauf ward die Hochzeit gefeiert, und sie lebten vergnügt bis an ihren Tod.

Das letzte Einkehrmärchen, das ich hier beleuchten möchte, ist *Allerleirauh*. In diesem Märchen floh die Tochter eine Königs, weil ihr Vater sie heiraten wollte. Der Vater seinerseits fühlte sich gezwungen, das Versprechen, das er seiner verstorbenen Frau gegeben hatte, einzuhalten. Dafür sollte die Tochter *bezahlen*. Ihr Leben, ihre Freiheit, ihr Schutz und ihre Unversehrtheit waren nicht so viel wert wie das Versprechen an die verstorbene Gemahlin. Ob die Königin wusste, dass ihre Tochter so viel *goldene Weisheit* (vgl. *goldene Haare*) hatte, dass ihr nur noch die Naturverbundenheit, Freiheit und Einkehr fehlten?

Die Königstochter wurde mutig. Sie schlüpfte ins Reich der Natur (Fellmantel) und übergab sich ganz den himmlischen Kräften (Sonne, Mond und Sterne). Ihr Weg führte sie in die Einsamkeit der Bäume. Dort, und nur dort, konnte sie getrost schlafen.

Welch schöne Einkehr! Das Mädchen wandte sich den Anders-Welt-Kräften der Schamaninnen zu und drang sowohl in das Himmelreich als auch in das Reich der Mutter Erde ein, um dort Hilfe und Begleitung zu erfahren. Manchmal, wenn eine Klientin sehr viel kopflastige Arbeit betreibt, ihre Verstandeskräfte reichlich ernährt und nutzt, ruft die Einkehrzeit nach Natur, nach Spaziergängen im Wald, Reisen über das Meer oder Bergtouren von Hütte zu Hütte. Dort kann sie träumen, malen, tanzen, schreien und den Liedern der Vögel, dem Rauschen des Wassers und dem Wind der Gipfel lauschen. Dort riecht sie unbekannte Düfte, genießt Beeren und Kräuter oder sitzt viele Stunden, um dem Spiel des Tageslichtes zuzuschauen. Sie wusste, was sie tat, denn sie nahm alte Frauensymbole (Ring, Spinnrad, Haspel) mit und gab sich den alten Kräften hin. Sie wollte nicht einfach eine schöne Königin sein, sondern eine liebende und geliebte Frau, die sich in ihrer ganzen weiblichen Weisheit und Tiefe eingerichtet hat und lebendig ist. Als solche musste sie erkannt und gewählt werden.

Diese ausgewählten Einkehrmärchen sollen einen Ausschnitt aus dem Facettenreichtum der Gründe zeigen, die zur Einkehr führen können, der Wege, die Einkehr zu gestalten, und der Kräfte und Gaben, die die Einkehrzeit bereithalten. Gerade wenn wir vor der Einkehrzeit stehen und zögern, Unsicherheit und Angst uns plagen, tut der Mut, den die Märchenfiguren uns vorleben, gut. Es ist viel Trost in den Märchenbildern, denn auch die Einkehr hat einen Sinn. Wir sind, wenn wir der Natur (Tier- und Pflanzenwelten, Elementarwesen), den Himmelkräften und Träumen Einlass gewähren, niemals einsam, auch wenn wir alleine sind.

2.2 Heilungsmärchen:

- *Die sieben Raben (KHM 25)*
- *Die sechs Schwäne (KHM 49)*

2.2.1 Impulse:

- Wie Märchenbilder zeigen, dass das Leben immer in der Balance von Nehmen und Geben ist.
- Wie Tiere und Pflanzen ganz natürliche Helfer auf den Heilungswegen sind.
- Wie wir lernen dürfen, dass wir vom Leben in jeder Situation ein Lernangebot zu Weisheit und Güte erhalten.

2.2.2 Einstimmung:

Wenn wir Heilungsmärchen betrachten, erscheint sofort das Bild einer gebenden Heldin oder eines gebenden Helden, die/der erlöst, rettet oder heilt. Wir haben die Heilungsgeste so sehr mit Selbstlosigkeit im Gebenden und Mangel im Bedürftigen verknüpft, dass es schwer für uns ist, auch die helfende Seite als Empfangende/n zu erkennen und die bedürftige Seite in gebender Haltung wahrzunehmen.
Wenn wir uns selbst in einer Phase des Gebens erleben, ist es fast ein Wahrnehmungs- und Emotionsreflex, uns selbst im Mangel zu sehen. Wir sehen uns selbst nur gebend und den anderen nur nehmend und erkennen nicht, was wir in dieser Zeit alles bekommen und was der andere alles gibt. Wenn es uns gelänge, die Dinge aus den Augen der Balance zu sehen, wären wir für Gedanken- und Handlungsimpulse sensibel, die in uns in der Zeit des Gebens reifen und leben. Wir könnten erkennen, was der andere im Spiegel seiner Worte und Taten sehen lernen kann.

Immer wenn wir Gebende sind, sind wir Verändernde, Eingreifende in den Lauf des Weges, der uns wie eine Sackgasse oder ein *falscher Weg* vorkommt.
Immer wenn wir Nehmende sind, können wir Seiten von uns erkennen, die wir nur schwer und voller Angst und Sorge anschauen können. Wir fühlen uns nicht gewachsen, überfordert, ausgeliefert, zerbrochen.
Auch diese Märchen werden auffällig oft in die Zuordnung von *gut* und *böse* gedrängt. Leider haben wir alle als herausragendes Märchenmerkmal jene Gut-böse-Zuordnung kennengelernt, sodass es uns schwerfällt, Märchen als Bilder zu sehen, die jenseits von Wertung und Moral stehen. Wir haben das Problem der wertenden Zuordnung nicht nur bei Märchen. In Konflikten, Problemen und Situationen der seelischen Verletzung sind wir gar so schnell bei der Bewertung, sodass uns die Möglichkeit, in Frieden und Liebe zu lernen, abhanden kommt.
Die Unterscheidung von gut und böse, richtig und falsch und entweder oder ist viel jünger als die Märchenbilder. Die Märchen wurden uns aus alter, Natur verbundener, an Bildern reicher und Rituale pflegender Zeit in unser Heute erzählt, geschrieben und gereicht. In jener Ursprungszeit, damals, als »*es einmal war*«, waren wir Menschen mit allem, was wir taten, sagten, fühlten, spürten und erlebten ins große Leben gewoben, das in sich stimmig, fließend und voller Liebe war. Alles was lebt, ist in den ständigen Wechsel von Hell und Dunkel, Tag und Nacht, Tod und Leben, Einatmen und Ausatmen eingewoben. Da gibt es kein *Böse*, das bekämpft und ausgemerzt gehört, kein *Falsch*, das bestraft gehört und kein *Richtig*, das es zu loben gilt.
So können gerade die nächsten beiden Märchen beitragen, unser – seit ca. 5.000 Jahren gepflegtes – Kultur- und Moralbild aufzulockern und zu überwinden. Diese Märchen können uns mit Bildern der Stimmigkeit und Ordnung bereichern, die zu sehen wir nicht gelernt haben. Die Märchengruppe heißt *Heilungsmärchen*. In den Beispielen dieser Gruppe kommen die Heilungskräfte aus der Tier- und Pflanzenwelt. Es ist schon lange her, dass wir die Verbundenheit mit den Heilkräften, die um uns lebend, wachsend, rufend, folgend da sind und uns gerne und selbstlos ihre Ga-

ben zur Verfügung stellen. Es sind die Kräfte aus der Pflanzenwelt. Jene treuen Begleiter stehen ständig für uns parat (z. B. die Brennnessel, die sozusagen bis in die Müllhalden und Schrottplätze hinter uns her wächst und von Maria Treben und Wolf-Dieter Storl als *die Heilkraft schlechthin* gelobt wird), um uns zu helfen. Wenn wir still und ohne den Verstand zu benutzen in der Natur sind, uns sozusagen *leer machen* von Alltag, Sorgen, Gedanken, uns fast in eine Trance fallen lassen, die ganz leicht ist, weil alle Wesen der Wiesen, Gewässer, Bäume und Blumen uns helfen, dann fällt unser Auge, dann lauscht unser Ohr auf eine Pflanze, von der wir uns angezogen fühlen. Mit ihrer Farbe, ihrer Gestalt und ihrem Duft zieht sie uns an, denn sie weiß, dass sie uns helfen kann, weil sie unseren Ruf hört. Ähnlich sind die Tiere als Tierseelen unsere Helfer. Sie erscheinen in unseren Träumen und inneren Reisen als Krafttiere. Auch Engel, Ahnen, spirituelle Lehrer und Elementarwesen sind Helfer, die uns ganz anders als die Verstandeskraft Geborgenheit, Zuversicht, Vertrauen und Liebe geben. In *Schmerzfrei leben* schreiben die Autoren: *»Jeder Mensch hat die Fähigkeit, mit dem Himmel zu arbeiten, und dazu sind weder ein spezielles Training noch Gebete nötig – die Liebe in Ihrem Herzen ist das Einzige, was Sie brauchen.«*[18]

Wenn wir uns jenen selbstlosen, helfenden Kräften aus der Pflanzen-, Tier-, Ahnen- und Geisteswelt nicht hingeben, drohen Macht, Kontrolle, Angst und Zerstörung unser Leben zu gestalten. Die Märchen aus der *alten Welt* laden uns wieder und wieder zu diesen Seelenbündnissen ein.

---

[18]Virtue, D. und Reeves, R., *Schmerzfrei leben*, 2016, S. 164

2.2.3 Die sieben Raben (KHM 25)

Ein Mann hatte sieben Söhne und immer noch kein Töchterchen, so sehr er sichs auch wünschte; endlich gab ihm seine Frau wieder gute Hoffnung zu einem Kinde, und wies zur Welt kam, wars auch ein Mädchen. Die Freude war groß, aber das Kind war schmächtig und klein, und sollte wegen seiner Schwachheit die Nothtaufe haben. Der Vater schickte einen der Knaben eilends zur Quelle, Taufwasser zu holen: die andern sechs liefen mit und weil jeder der erste beim Schöpfen sein wollte, so fiel ihnen der Krug in den Brunnen. Da standen sie und wußten nicht was sie thun sollten, und keiner getraute sich heim. Als sie immer nicht zurück kamen, ward der Vater ungeduldig und sprach »gewis haben sies wieder über ein Spiel vergessen, die gottlosen Jungen.« Es ward ihm angst das Mädchen müßte ungetauft verscheiden und im Ärger rief er »ich wollte daß die Jungen alle zu Raben würden.« Kaum war das Wort ausgeredet, so hörte er ein Geschwirr über seinem Haupt in der Luft, blickte in die Höhe und sah sieben kohlschwarze Raben auf und davon fliegen.

Die Eltern konnten die Verwünschung nicht mehr zurücknehmen, und so traurig sie über den Verlust ihrer sieben Söhne waren, trösteten sie sich doch einigermaßen durch ihr liebes Töchterchen, das bald zu Kräften kam, und mit jedem Tage schöner ward. Es wußte lange Zeit nicht einmal daß es Geschwister gehabt hatte, denn die Eltern hüteten sich ihrer zu erwähnen, bis es eines Tags von ungefähr die Leute von sich sprechen hörte, das Mädchen wäre wohl schön, aber doch eigentlich Schuld an dem Unglück seiner sieben Brüder. Da ward es ganz betrübt, gieng zu Vater und Mutter und fragte ob es denn Brüder gehabt hätte und wo sie hingerathen wären? Nun durften die Eltern das Geheimnis nicht länger verschweigen, sagten jedoch es sei so des Himmels Verhängnis und seine Geburt nur der unschuldige Anlaß gewesen. Allein das Mädchen machte sich täglich ein Gewissen daraus und glaubte es müßte seine Geschwister wieder erlösen. Es hatte nicht Ruhe und Rast, bis es sich heimlich aufmachte und in die weite Welt gieng, seine Brüder irgendwo aufzuspüren und zu befreien, es möchte kosten was es wollte. Es nahm nichts mit sich als ein Ringlein von seinen Eltern zum Andenken, einen Laib Brot für den Hunger, ein Krüglein Wasser für den Durst, und ein Stühlchen für die Müdigkeit.

Nun gieng es immer zu, weit weit bis an der Welt Ende. Da kam es zur Sonne, aber die war zu heiß und fürchterlich, und fraß die kleinen Kinder. Eilig lief es weg und lief hin zu dem Mond, aber der war gar zu kalt und auch grausig und bös, und als er das Kind merkte, sprach er »ich rieche rieche Menschenfleisch.« Da machte es sich geschwind fort und kam zu den Sternen, die waren ihm freundlich und gut, und jeder saß auf seinem besondern Stühlchen. Der Morgenstern aber stand auf, gab ihm ein Hinkelbeinchen und sprach »wenn du das Beinchen nicht hast, kannst du den Glasberg nicht aufschließen, und in dem Glasberg da sind deine Brüder.«

Das Mädchen nahm das Beinchen, wickelte es wohl in ein Tüchlein, und gieng wieder fort so lange bis es an den Glasberg kam. Das Thor war verschlossen und es wollte das Beinchen hervor holen, aber wie es das Tüchlein aufmachte, so war es leer, und es hatte das Geschenk der guten Sterne verloren. Was sollte es nun anfangen? seine Brüder wollte es erretten und hatte keinen Schlüssel zum Glasberg. Das gute Schwesterchen nahm ein Messer, schnitt sich ein kleines Fingerchen ab, steckte es in das Thor und schloß glücklich auf. Als es eingegangen war, kam ihm ein Zwerglein entgegen, das sprach »mein Kind, was suchst du?« »Ich suche meine Brüder, die sieben Raben,« antwortete es. Der Zwerg sprach »die Herren Raben sind nicht zu Haus, aber willst du hier so lang warten, bis sie kommen, so tritt ein.« Darauf trug das Zwerglein die Speise der Raben herein auf sieben Tellerchen und in sieben Becherchen, und von jedem Tellerchen aß das Schwesterchen ein Bröckchen, und aus jedem Becherchen trank

es ein Schlückchen; in das letzte Becherchen aber ließ es das Ringlein fallen, das es mitgenommen hatte.
Auf einmal hörte es in der Luft ein Geschwirr und ein Geweh, da sprach das Zwerglein »jetzt kommen die Herren Raben heim geflogen.« Da kamen sie, wollten essen und trinken, und suchten ihre Tellerchen und Becherchen. Da sprach einer nach dem andern »wer hat von meinem Tellerchen gegessen? wer hat aus meinem Becherchen getrunken? das ist eines Menschen Mund gewesen.« Und wie der siebente auf den Grund des Bechers kam, rollte ihm das Ringlein entgegen. Da sah er es an und erkannte daß es ein Ring von Vater und Mutter war, und sprach »Gott gebe, unser Schwesterlein wäre da, so wären wir erlöst.« Wie das Mädchen, das hinter der Thüre stand und lauschte, den Wunsch hörte, so trat es hervor, und da bekamen alle die Raben ihre menschliche Gestalt wieder. Und sie herzten und küßten einander, und zogen fröhlich heim.

Das Märchen *Die sieben Raben* beginnt mit einem Mann, von dem wir erfahren, dass er sieben Söhne hatte und noch immer kein Töchterchen. Auch bei diesem Märchen »*hat der Mann die Kinder*«. Er ist sogar siebenfach mit Söhnen beschenkt. Es ist ein Bild aus einer patriarchalen Gesellschaftsform, in der die Männer *Besitzer* ihrer Kinder (und Ehefrauen) sind. Die Kinder und deren Mütter tragen den Namen des Mannes, leben bei ihm und sind finanziell, wirtschaftlich und sozial vollständig von ihm abhängig. Die Männer *bestellen* bei ihren Frauen die Kinder, die diese dann zu gebären haben. Die Frauen sind gewissermaßen die Erfüllenden der Männerwünsche.
In diesem Märchen erfüllt die Frau ihre Pflicht reichlich. Sie gebar ihm sogar noch das lang ersehnte Mädchen. Dieses war aber leider schwach und bedurfte der Nottaufe. Mit dem Bild der Nottaufe werden wir in die Zeit des Christentums eingeladen. Es ist die Zeit einer patriarchalen Hochreligion, in deren Geschichte viele Frauen als Huren und Hexen verbrannt wurden.

Der Vater schickte einen Sohn zum Brunnen, das Wasser für die schnelle Taufe zu holen. In ihrem Helfereifer wollten alle sieben Jungen das Wasser schöpfen, sodass der Krug in den Brunnen fiel. Schon diese große, siebenfache Hilfsbereitschaft, diese hastigen Bemühungen, alles für das Schwesterlein richtig und gut zu machen, geben eine Ahnung davon, wie das Mädchen als einzige, jüngste Tochter mit sieben älteren Brüdern und einem dominanten Vater herangewachsen wäre. Ein behütetes, umsorgtes, abhängiges und unselbstständiges *ewiges Mädchen* wäre sie geworden, mit keinerlei Abenteuererlebnissen oder Erfahrungen von Gefahren, aus denen sie sich selbst hätte befreien müssen. Es wird schon nach diesen wenigen Anfangsbildern deutlich, dass aus dieser Familienkonstellation keine freie, selbstbewusste und spirituell erfahrene junge Frau hätte erwachsen können.

Es ist als hätte der Vater dies gespürt. Vielleicht gab es in ihm das Bild, dass zu viel männliche Dominanz herrschte, dass weibliche Kraft in die Familie kommen musste, die allerdings auch Raum für ihre Entwicklung brauchte. So wünschte der Vater die Söhne für die erste Entwicklungszeit der Tochter fort. Er rief im Ärger: »*Ich wollte, dass die Jungen alle zu Raben würden.*« Es wird im Folgenden deutlich, wie stark die männliche Kraft im Vater ausgeprägt war. Sieben Söhne, eine Wunschtochter und ein erfüllter Fluch entsprangen ihm. Ja, da muss eine weibliche Kraft heran reifen! Die sieben Söhne flogen als Raben davon und die Tochter durfte schön und schöner werden.

Dadurch, dass der Vater sieben Söhne / Raben ins Leben rufen konnte, hatte er eine Ganzheit hergestellt. »*Die 7 ist eine heilige Zahl – die Zahl der Vollkommenheit im All, der Vollendung und der Einheit.*«[19] Sowohl in der Bibel (7 Schöpfungstage, 7 Sakramente, 7 Bitten im Vater Unser, 7 Gaben des Heiligen Geistes ...) als auch im Märchen (7 Zwerge, 7 Heldentaten des Schneiderleins, 7 Geißlein ...) kommt diese Zahl häufig vor. Die 7 setzt sich aus 3 und 4 zusammen. Die 3 ist die Zahl der Monderscheinungen, Göttinnen und der Lebensphasen, während die 4 eine Ord-

---

[19] Stark, R., 2. Aufl. 2012, S. 135

nungszahl ist (Himmelsrichtungen, Elemente, Evangelisten). Es war also nach den sieben Söhnen etwas zur Ganzheit gekommen.

Doch es fehlte das Weibliche. Dafür, dass das Weibliche in ihrer Kraft der Männlichkeit entgegentreten konnte, mussten die Söhne zurücktreten. Als Raben flogen sie davon. *»Es werden ihm (dem Raben) geheimnisvolle Kräfte nachgesagt und die Fähigkeit zugesprochen, vom Diesseits in das Jenseits zu wandeln.«*[20] Auch Odin hatte zwei Raben, die in die Vergangenheit und in die Zukunft schauen konnten. *»Wer dem Raben begegnet, muss mit einer mystischen, magischen Erfahrung rechnen. Sein Erscheinen öffnet unsere lichten Augen und verschafft unserem Bewusstsein einen Zugang in die innere Leere, aus der die Wahrheit geboren wird. Die Gelegenheit ist günstig, aus dem alltäglich normalen Rahmen auszubrechen und die Welt aus der Sicht der mystischen Zusammenhänge heraus zu beobachten. Es werden wahre Wunder geschehen.«*[21]

Nachdem die Söhne als Flugtiere (Anderweltreisende) die Familie verlassen hatten, kam das Mädchen zu Kräften und Schönheit. Wie in vielen Familien, so wurde auch in dieser ein Tabu gepflegt: Das Mädchen erfuhr von der Existenz und dem Geschick ihrer Brüder nichts. Erst als es für sie Zeit war, davon zu erfahren, hörte sie es von Frauen am Brunnen. Es sind die Frauen, die zur rechten Zeit das Tabu brechen. Es ist der Brunnen, der zur Tiefe der Wahrheit einlädt (vgl. *Frau Holle*, KHM 24).

Die Eltern erklärten, *»es sei so des Himmels Verhängnis und seine Geburt nur der unschuldige Anlass gewesen.«* Mit diesem Bild entzog sich der Vater seiner Verantwortung, ganz so, als hätte er keinen bewussten Kontakt zu seinen Kräften.

Es war die Zeit des Töchterchens. Heimlich schlich sie mit Ringlein, Brot, Wasser und Stühlchen davon. Sie konnte diesen Initiationsweg nur alleine und nur heimlich antreten. Die Eltern waren längst aus der Zeit der rituellen Begleitung gefallen. Sie wirkten nur noch unbewusst. So blieben dem Mädchen nur ein symbolisches Pfand der Verbundenheit (Ring), des heiligen Mehls (Brot, Wasser) und der Meditation (Stühlchen) übrig.

---

[20] Meyer, R., *tierisch gut*, 9. Aufl. 2014, S. 272
[21] Meyer, R., *tierisch gut*, 9. Aufl. 2014, S. 273

Ihr Weg führte sie bis an der Welt Ende und darüber hinaus – bis zu Sonne, Mond und Sternchen. Kürzer lässt sich eine schamanische Andersweltreise (aus der Mittelwelt in die Oberwelt) nicht beschreiben. Schamanische Reisen trachten dem Reisenden nicht selten nach dem Leben und erschrecken gar viele Initianten. So traten Sonne und Mond als Menschenfressende auf. Erst die Sterne pflegten die Achtsamkeit und Ruhe (Stühlchen) wie das Mädchen und wurden so zu Helfern. Hier haben wir Hilfskräfte, die heilend wirkten. Sie strahlten Ruhe aus und gaben ein Hinkelbeinchen (als Schlüssel). Zudem verrieten sie den Aufenthaltsort der Brüder, den Glasberg, und wie er zu öffnen war. *»Der Glasberg geht einerseits auf die nordischen Glaesisvellir zurück, die glänzenden Gefilde, eine Vorstellung vom Paradies und wird andererseits in den europäischen Volksmärchen oftmals als ein Totenberg angesehen.«*[22] Mit diesen Gaben hilft der Morgenstern dem Mädchen und weiht es – einem spirituellen Lehrer gleich – in den nächsten Initiationsschritt ein. Das Mädchen bekommt, ganz der schamanischen Tradition folgend, eine Orientierungshilfe bis an die Spitze des Himmelszeltes. Da der Glasberg auch als Totenberg gesehen wurde, ist die Reise des Mädchens in die Oberwelt gleichzeitig auch eine Reise in die Tiefen der Unterwelt. (So auch bei Frau Holle. Die Tochter springt hinunter in den Brunnen und kommt oben, dort wo der Schnee herkommt, heraus. Aus dem Fallen wird ein Fliegen.).

Mit dieser Anderweltreise und ihrem eigenen Opfer (kleiner Finger) gelang dem Mädchen der Zugang in den Glasberg. Ein Zwerg (Elementarwesen) gewährte ihr Einlass, sodass nicht nur die Helfer des Himmels (Sterne), sondern auch die Erdenhelfer (Zwerg) dem Mädchen wohl gesonnen waren. Sie, das Mädchen, erhält so viel Hilfe für ihren eigenen spirituellen Weg, dass es ihr gelingt, mit all ihrer weiblichen Kraft die sieben Brüder aus deren Helferrolle zu befreien und in die erneute Menschwerdung zu führen. Damit wiegt ihre eigene weibliche Entwicklung so viel wie die Schamanenkraft der Brüder und erlöst diese in den Geschwisterreigen der acht Kinder – sieben Jungen und ein Mädchen.

---

[22] Reiter, L., *Symbole*, 7. Aufl. 2016, S. 174

»Die 8 ist die Zahl der Gerechtigkeit, des Ausgleichs und der Erfüllung. Das Femegericht der Germanen bestand aus acht Richtern, denen man Acht-ung zollte. Der Weihnachtsstern, der Christi Geburt verkündet, ist achtstrahlig. Die Auferstehung Jesu Christi wird als achter Schöpfungstag gefeiert.«[23]
Mit den Heilungsgesten des Vaters, der Brüder, der Sterne, des Zwerges und der Ober- und Unterweltskräfte gelingt es dem Töchterlein, die größte weibliche Kraft, die Liebe, in die Ganzheit der Balance zwischen Männlichkeit und Weiblichkeit zu bringen. So ist dies ein Märchen, das differenziert und einsichtig zeigt, dass jede Geste und Handlung, auch die erschwerenden und helfenden, letztlich einen Beitrag zur Entwicklung der unterschiedlichen (männlichen und weiblichen) Kräfte im Sinne des *Tanzes der Harmonie* darstellen. Heilung ist Bewegung zur ausgewogenen Balance, zu der sich jede und jeder hinentwickelt.

2.2.4 Die sechs Schwäne (KHM 49)

Es jagte einmal ein König in einem großen Wald und jagte einem Wild so eifrig nach daß ihm niemand von seinen Leuten folgen konnte. Als der Abend heran kam, hielt er still und blickte um sich, da sah er daß er sich verirrt hatte. Er suchte einen Ausgang, konnte aber keinen finden. Da sah er eine alte Frau mit wackelndem Kopfe, die auf ihn zu kam; das war aber eine Hexe. »Liebe Frau,« sprach er zu ihr, »könnt ihr mir nicht den Weg durch den Wald zeigen?« »O ja, Herr König,« antwortete sie, »das kann ich wohl, aber es ist eine Bedingung dabei, wenn ihr die nicht erfüllt, so kommt ihr nimmermehr aus dem Wald und müßt darin Hungers sterben.« »Was ist das für eine Bedingung?« fragte der König. »Ich habe eine Tochter,« sagte die Alte, »die so schön ist wie ihr eine auf der Welt finden könnt, und wohl ver-

---

[23] Stark, R., *Heilen mit Seelencodes*, 2. Aufl. 2012, S. 137

dient eure Gemahlin zu werden, wollt ihr die zur Frau Königin machen, so zeige ich euch den Weg aus dem Walde.« Der König in der Angst seines Herzens willigte ein, und die Alte führte ihn zu ihrem Häuschen, wo ihre Tochter beim Feuer saß. Sie empfieng den König als wenn sie ihn erwartet hätte, und er sah wohl daß sie sehr schön war, aber sie gefiel ihm doch nicht, und er konnte sie ohne heimliches Grausen nicht ansehen. Nachdem er das Mädchen zu sich aufs Pferd gehoben hatte, zeigte ihm die Alte den Weg, und der König gelangte wieder in sein königliches Schloß, wo die Hochzeit gefeiert wurde.

Der König war schon einmal verheirathet gewesen, und hatte von seiner ersten Gemahlin sieben Kinder, sechs Knaben und ein Mädchen, die er über alles auf der Welt liebte. Weil er nun fürchtete die Stiefmutter möchte sie nicht gut behandeln und ihnen gar ein Leid anthun, so brachte er sie in ein einsames Schloß, das mitten in einem Walde stand. Es lag so verborgen, und der Weg war so schwer zu finden, daß er ihn selbst nicht gefunden hätte, wenn ihm nicht eine weise Frau ein Knäuel Garn von wunderbarer Eigenschaft geschenkt hätte; wenn er das vor sich hinwarf, so wickelte es sich von selbst los und zeigte ihm den Weg. Der König gieng aber so oft hinaus zu seinen lieben Kindern, daß der Königin seine Abwesenheit auffiel; sie ward neugierig und wollte wissen was er draußen ganz allein in dem Walde zu schaffen habe. Sie gab seinen Dienern viel Geld, und die verriethen ihr das Geheimnis und sagten ihr auch von dem Knäuel, das allein den Weg zeigen könnte. Nun hatte sie keine Ruhe bis sie herausgebracht hatte wo der König das Knäuel aufbewahrte, und dann machte sie kleine weißseidene Hemdchen, und da sie von ihrer Mutter die Hexenkünste gelernt hatte, so nähete sie einen Zauber hinein. Und als der König einmal auf die Jagd geritten war, nahm sie die Hemdchen und ging in den Wald, und das Knäuel zeigte ihr den Weg. Die Kinder, die aus der Ferne jemand kommen sahen, meinten ihr lieber Vater käme zu ihnen* *und sprangen ihm voll Freude entgegen. Da warf sie über ein jedes eins von den Hemdchen, und wie das ihren Leib berührt hatte, verwandelten sie sich in Schwäne und flogen über den Wald hinweg. Die Königin gieng ganz vergnügt nach Haus und glaubte ihre Stiefkinder los zu sein, aber das Mädchen war ihr mit den Brüdern nicht entgegen gelaufen, und sie wußte nichts von ihm. Andern Tags kam der König und wollte seine Kinder besuchen, er fand aber niemand als das Mädchen. »Wo sind deine Brüder?« fragte der König. »Ach, lieber Vater,« antwortete es, »die sind fort und habenmich allein zurückgelassen,« und erzählte ihm daß es aus seinem Fensterlein mit angesehen habe wie seine Brüder als Schwäne über den Wald weggeflogen wären, und zeigte ihm die Federn, die sie in dem Hof hatten fallen lassen, und die es aufgelesen hatte. Der König trauerte, aber er dachte nicht daß die Königin die böse That vollbracht hätte, und weil er fürchtete das Mädchen würde ihm auch geraubt, so wollte er es mit fortnehmen. Aber es hatte Angst vor der Stiefmutter, und bat den König daß es nur noch diese Nacht im Waldschloß bleiben dürfte. Das arme Mädchen dachte »meines Bleibens ist nicht länger hier, ich will gehen und meine Brüder suchen.« Und als die Nacht kam, entfloh es, und gieng gerade in den Wald hinein. Es gieng die ganze Nacht durch und auch den andern Tag in einem fort, bis es vor Müdigkeit nicht weiter konnte. Da sah es eine Wildhütte, stieg hinauf, und fand eine Stube mit sechs kleinen Betten, aber es getraute nicht sich in eins zu legen, sondern kroch unter eins, legte sich auf den harten Boden und wollte die Nacht da zubringen. Als aber die Sonne bald untergehen wollte, hörte es ein Rauschen und sah daß sechs Schwäne zum Fenster hereingeflogen kamen. Sie setzten sich auf den Boden, und bliesen einander an und bliesen sich alle Federn ab, und ihre Schwanenhaut streifte sich ab wie ein Hemd. Da sah sie das Mädchen an und erkannte ihre Brüder, freute sich und kroch unter dem Bett hervor. Die Brüder waren nicht weniger erfreut als sie ihr Schwesterchen er-*

blickten, aber ihre Freude war von kurzer Dauer. »Hier kann deines Bleibens nicht sein,« sprachen sie zu ihm, »das ist eine Herberge für Räuber, wenn die heim kommen und finden dich, so ermorden sie dich.« »Könnt ihr mich denn nicht beschützen?« fragte das Schwesterchen. »Nein,« antworteten sie, »denn wir können nur eine Viertelstunde lang jeden Abend unsere Schwanenhaut ablegen, und haben in dieser Zeit unsere menschliche Gestalt, aber dannwerden wir wieder in Schwäne verwandelt.« Das Schwesterchen weinte und sagte »könnt ihr denn nicht erlöst werden?« »Ach nein,« antworteten sie, »die Bedingungen sind zu schwer. Du darfst sechs Jahre lang nicht sprechen und nicht lachen, und mußt in der Zeit sechs Hemdchen für uns aus Sternenblumen zusammennähen. Kommt ein einziges Wort aus deinem Munde, so ist alle Arbeit verloren.« Und als die Brüder das gesprochen hatten, war die Viertelstunde herum, und sie flogen als Schwäne wieder zum Fenster hinaus.

Das Mädchen aber faßte den festen Entschluß seine Brüder zu erlösen, und wenn es auch sein Leben kostete. Es verließ die Wildhütte, gieng mitten in den Wald und setzte sich auf einen Baum und brachte da die Nacht zu. Am andern Morgen gieng es aus, sammelte Sternblumen und fieng an zu nähen. Reden konnte es mit niemand, und zum Lachen hatte es keine Lust: es saß da und sah nur auf seine Arbeit. Als es schon lange Zeit da zugebracht hatte, geschah es, daß der König des Landes in dem Wald jagte und seine Jäger zu dem Baum kamen, auf welchem das Mädchen saß. Sie riefen es an und sagten »wer bist du?« Es gab aber keine Antwort. »Komm herab zu uns,« sagten sie, »wir wollen dir nichts zu Leid thun.« Es schüttelte bloß mit dem Kopf. Als sie es weiter mit Fragen bedrängten, so warf es ihnen seine goldene Halskette herab und dachte sie damit zufrieden zu stellen. Sie ließen aber nicht ab, da warf es ihnen seinen Gürtel herab, und als auch dies nicht half, seine Strumpfbänder, und nach und nach alles, was es anhatte und entbehren konnte, so daß es nichts *mehr als sein Hemdlein behielt. Die Jäger ließen sich aber damit nicht abweisen, stiegen auf den Baum, hoben das Mädchen herab und führten es vor den König. Der König fragte »wer bist du? was machst du auf dem Baum?« Aber es antwortete nicht. Er fragte es in allen Sprachen, die er wußte, aber es blieb stumm wie ein Fisch. Weil es aber so schön war, so ward des Königs Herz gerührt, und er faßte eine große Liebe zu ihm. Er that ihm seinen Mantel um, nahm es vor sich aufs Pferd und brachte es in sein Schloß. Da ließ er ihm reiche Kleider anthun, und es strahlte in seiner Schönheit wie der helle Tag, aber es war kein Wort aus ihm herauszubringen. Er setzte es bei Tisch an seine Seite, und seine bescheidenen Mienen und seine Sittsamkeit gefielen ihm so sehr, daß er sprach »diese begehre ich zu heirathen und keine andere auf der Welt,« und nach einigen Tagen vermählte er sich mit ihr.*

Der König aber hatte eine böse Mutter, die war unzufrieden mit dieser Heirath und sprach schlecht von der jungen Königin. »Wer weiß, wo die Dirne her ist,« sagte sie, »die nicht reden kann: sie ist eines König nicht würdig.« Über ein Jahr, als die Königin das erste Kind zur Welt brachte, nahm es ihr die Alte weg und bestrich ihr im Schlafe den Mund mit Blut. Da gieng sie zum König und klagte sie an, sie wäre eine Menschenfresserin. Der König wollte es nicht glauben und litt nicht daß man ihr ein Leid anthat. Sie saß aber beständig und nähete an den Hemden, und achtete auf nichts anderes. Das nächstemal, als sie wieder einen schönen Knaben gebar, übte die falsche Schwiegermutter denselben Betrug aus, aber der König konnte sich nicht entschließen ihren Reden Glauben beizumessen. Er sprach »sie ist zu fromm und gut als daß sie so etwas thun könnte, wäre sie nicht stumm und könnte sie sich vertheidigen, so würde ihre Unschuld an den Tag kommen.« Als aber das drittemal die Alte das neugeborne Kind raubte und die Königin anklagte, die kein Wort zu ihrer Vertheidigung vorbrachte, so konnte der König nicht anders, er muß-

te sie dem Gericht übergeben, und das verurtheilte sie den Tod durchs Feuer zu erleiden.

Als der Tag heran kam, wo das Urtheil sollte vollzogen werden, da war zugleich der letzte Tag von den sechs Jahren herum, in welchen sie nicht sprechen und nicht lachen durfte, und sie hatte ihre lieben Brüder aus der Macht des Zaubers befreit. Die sechs Hemden waren fertig geworden, nur daß an dem letzten der linke Ermel noch fehlte. Als sie nun zum Scheiterhaufen geführt wurde, legte sie die Hemden auf ihren Arm, und als sie oben stand und das Feuer eben sollte angezündet werden, so schaute sie sich um, da kamen sechs Schwäne durch die Luft daher gezogen. Da sah sie daß ihre Erlösung nahte und ihr Herz regte sich in Freude. Die Schwäne rauschten zu ihr her und senkten sich herab so daß sie ihnen die Hemden überwerfen konnte: und wie sie davon berührt wurden, fielen die Schwanenhäute ab, und ihre Brüder standen leibhaftig vor ihr und waren frisch und schön; nur dem jüngsten fehlte der linke Arm, und er hatte dafür einen Schwanenflügel am Rücken. Sie herzten und küßten sich, und die Königin gieng zu dem Könige, der ganz bestürzt war, und fieng an zu reden und sagte »liebster Gemahl, nun darf ich sprechen und dir offenbaren daß ich unschuldig bin und fälschlich angeklagt,« und erzählte ihm von dem Betrug der Alten, die ihre drei Kinder weggenommen und verborgen hätte. Da wurden sie zu großer Freude des Königs herbeigeholt, und die böse Schwiegermutter wurde zur Strafe auf den Scheiterhaufen gebunden und zu Asche verbrannt. Der König aber und die Königin mit ihren sechs Brüdern lebten lange Jahre in Glück und Frieden.

Während das vorherige Märchen (*Die sieben Raben*) die Sieben als magische Zahl hatte, ist in dem Märchen *Die sechs Schwäne* die Sechs die magische Zahl. Die sechs Schwäne sind auch verwandelte Jungen. Auch hier bleibt eine Schwester im Menschenkleide zurück. In diesem Märchen ist die Sechs die Zahl der Vollkommenheit. Die Sechs gilt als *Erden-*

vollkommenheit, während die Sieben die Vollkommenheit im All darstellt. Schon aus der Überschrift kann also entnommen werden, dass wir als Begleiterinnen und Begleiter der Märchenfiguren nicht bis zu den Sternen geführt werden. (Es sind sechs, nicht sieben Schwäne.) Wir werden auf dem Erdenboden bleiben. »*Das Symbol der 6 ist das Hexagramm, auch Sechsstern genannt ... Der Mensch hat sein Leben von Gott erhalten (nach unten weisendes Dreieck) und wird zu Gott zurückkehren (nach oben weisendes Dreieck).*«[24]

Wir werden in diesem Märchen den Erden- und Menschenkräften begegnen und erfahren, wie diese sich helfend für die Balance der Lebens- und damit der Liebeskräfte einsetzen. Der Lebensweg der Heldinnen und Helden jedes (und also auch dieses) Märchens folgt in die Wiederherstellung der Balance, also der Heilung. So wird auch hier deutlich, dass wir im Märchen nicht Helfern und Opfern begegnen, sondern einem weisen vielschichtigen Bild für den erlangten *Tanz der Balance des Lebens*.

Die Überschrift erzählt von Schwänen (nicht von Raben, wie im vorherigen Märchen). Es sind weiße Flugtiere, Tiere der Göttin, die hier als Schamanentiere den Gang der Geschichte bestimmen. (Weiß, Rot, Schwarz sind die Farben der Göttin, die durch den Jahreslauf dringt. Im jungfräulichen Schneeweiß, das der Schlafenszeit des Winters entstiegen ist, zeigt sie sich. Dann wandelt sie in das blutende, fruchtbare Rosenrot, in dem sie sich im Sommer zeigt. Im Herbst und Winter trägt sie das schwarze Kleid, das sich auf Erden zeigt, wenn Mutter Erde als die Schwarze die Ahnen, Samen und Seelen hütet.) Der Schwan gilt als Tier der Anmut und Schönheit. Er lebt in einem ehelichen Bündnis und verlässt dieses nicht. Wenn ein Schwan erscheint, werden wir zur Ausbildung und Betrachtung unserer inneren Schönheit geladen. »*Der Schwan fordert Sie auf, in die höchsten Ebenen Ihrer Sinneswelt aufzusteigen, Ihre lichten Augen zu öffnen und Mut für die höchsten spirituellen Erfah-*

---

[24] Stark, R., *Heilen mit Seelencodes*, 2. Aufl. 2012, S. 134

rungen zu finden.«[25]

In diesem Sinne und mit Blick auf den *Tanz der Liebe* begegnen wir als Begleiterinnen und Begleiter dem Märchen *Die sechs Schwäne*. Das Märchen wird mit einem König eröffnet, der sich verirrt hat. Er *»jagte einem Wild so eifrig nach, dass ihm niemand von seinen Leuten folgen konnte. Als der Abend heran kam, hielt er still und blickte um sich, da sah er, dass er sich verirrt hatte.«* Ein König findet sich in der Welt des Geheimnisses, der Intuition, der Dunkelheit und Ungewissheit wieder. Der Wald ist das Reich des Weiblichen. Dort können wir uns orientieren, wenn wir still sind, lauschen, auf innere Botschaften achten und uns hingeben, überlassen. Nun aber findet sich ein König ein. Dieser ist nicht mit weiblichen Kräften ausgestattet, sonder jagt – ganz männlich – einem Tier nach und vergisst vor lauter Eifer (auch männlich), auf sein Gefolge zu achten. Es ist Abend. Dem König fehlt das Weibliche. Schon erscheint es ihm: Eine Hexe, ein Heckenweibchen oder eine Kräuterkundige, die sich mit heilenden Kräften (Pflanzen) und fehlender Balance auskennt, tritt auf ihn zu. Sie verspricht dem König Heimkehr, wenn er ihre gar so schöne Tochter ehelicht. In seiner Not sagt der König zu. Das Weibliche mit all ihren Kräften offenbart sich ihm, bietet sich helfend, ausgleichend an. Später erfahren wir, dass dies auch wichtig ist, denn die Königin ist verstorben und sechs Söhne und eine Tochter sind von ihr geboren auf Erden zurückgeblieben. Der König folgt dem Angebot, ist aber nicht offen dafür. Eine schöne junge Frau, ihn schon erwartend, sitzt am Feuer. Welches Bild weiblicher Vollkommenheit! Innere Schönheit mit intuitiven Kräften ausgestattet, dem Element *Feuer* (dem heiligen weiblichen Platz in jeder Hütte) zugewandt, empfängt den König.

Der *»sah wohl, dass sie schön war, aber sie gefiel ihm doch nicht, und er konnte sie ohne heimliches Grausen nicht ansehen.«* So erfahren wir die Zerrissenheit des Königs. Einerseits ist er offen, suchend, ahnend, dass ihm zum Leben etwas fehlt und andererseits ist er ängstlich, unsicher,

---

[25] Meyer, R., *tierisch gut*, 9. Aufl. 2014, S. 294

zögernd, misstrauisch. Er zeigt damit eine Haltung, die wir beinahe alle kennen: Wir ahnen, dass ein nötiger Entwicklungsschritt ansteht, dass Veränderung und damit Abschied und Ungewissheit nötig sind und haben doch Angst, sind unsicher, schrecken zurück.

Der König hält, was er verspricht. Er nimmt die schöne Tochter mit in sein Schloss, heiratet sie und lebt mit ihr. Sein Misstrauen aber bleibt bestehen. So versteckt er seine Kinder tief im Wald und kann nur mit Hilfe einer weisen Alten und einem Faden den Weg zu ihnen finden. Zu Beginn des Märchens zieht der Wald den König magisch an, obwohl er sich darin ohne weibliche Kräfte nicht orientieren kann. Jetzt versteckt er seine Kinder vor seiner neuen Frau im Wald, ganz so, als würde er ahnen, dass die Kinder die weiblichen Kräfte des Waldes brauchen.

Die nächste weibliche Kraft, die »*weise Frau*« überreicht ihm die Macht des Lebensfadens, der Verbindungsschnur (Nabelschnur), der Orientierungshilfe (siehe *Ariadnefaden*) und traut ihm damit Verantwortung zu. Sie übergibt ihm den Faden (des Lebens) und reicht ihm damit die verantwortungsvolle Kraft des Erwachsenen. Er aber kann sie nicht tragen. Er eilt, dem Kinde gleich, ständig und dauernd (vielleicht kontrollierend) zu seinen Kindern und verhindert dadurch deren Freiwerden für die Welt der weiblichen Intuition.

So müssen seine Kinder einen anderen Initiationsweg gehen. Dieser Weg führt die Jungen in die Verwandlung und das Mädchen tiefer in den Wald, in die Stille, Versenkung, Meditation, zu den Pflanzen, hin zum Wissen über ihre Heilkräfte und in die Welt der Rituale und Konzentration. Die neue, junge Königin gibt den Entwicklungsschritt für die Kinder frei. Sie *schenkt* ihnen die Schwanenverwandlung und die Freiheit, die in der dunklen Waldtiefe wartet. Die Kinder erkennen das Angebot, denn die Jungen »*springen ihm voll Freude entgegen*«, während das Mädchen entflieht »*und ging gerade in den Wald hinein*«.

Dass die Brüder und die Schwester gleichermaßen einen schamanischen Initiationsweg vor sich haben, zeigt sich an ihrer kurzen Begegnung, bei der das Mädchen erneut Einweihungen in ihren Weg erhält. Nun weiß sie, was zu lernen ist: Sechs Jahre nicht sprechen und nicht lachen und sechs Hemdchen aus Sternenblumen (Brennnesseln) nähen. Die Dringlichkeit der Einhaltung dieses Auftrags liegt im Schlusssatz: »*Kommt ein einziges Wort aus deinem Munde, so ist alle Arbeit verloren.*«

Für alle Kinder ist die Mittelwelt ein Ort des Lernens geworden. Es ist längst kein Ort mehr, an dem sie sich in soziale Gefüge einordnen können. Es gibt kein Heimischwerden mehr. Da sind die Räuber, dort ist der Gatte, dem sich das Mädchen nicht mitteilen kann. Es gibt die hassende, neidische Schwiegermutter. Selbst ihre eigenen Kinder muss sie loslassen, entlassen. Dies alles geschieht in diesen sechs Jahren. Dann aber, nachdem die sechs Jahre vorbei sind, ist die Vollkommenheit des Erdenlebens erreicht und das schamanische Leben in allen Welten darf Allvollkommen beginnen.

Viele Helfer erscheinen auf dem Reifungsweg des Mädchens. Da ist der Baum, von dessen Spitze sie den Rest der äußeren Eitelkeit ablegen kann (goldene Kette, Gürtel, Strumpfbänder). Der Baum gibt die Kraft der Verbundenheit zwischen Mutter Erde und Vater Himmel. Auch gibt er ihr die weise Distanz zum Leben in der Mittelwelt. Nur aus der Distanz heraus lässt sich klar blicken. Zudem erhält sie die Weisheit der Pflanzen und die (Göttinnen-)Kraft, Lebensfäden zu weben und magische Verwandlungen zu vollziehen. Sie webt aus den Fasern der Brennnesseln die Hemdchen, die ihre Brüder erlösen. Wie gut sie sogar aus der Ferne von ihrer schamanischen Mutter, der neuen, jungen, schönen Königin lernen kann! Sie darf lernen, dass die Brennnessel, jene wichtigste Heilpflanze, die wir haben und die uns sozusagen bis zu Mülldeponien und Abwasserkanälen begleitet, auch zur Zerfaserung, Verspinnung und Verwebung dient und letztlich sogar zur magischen Verwandlung zur Verfügung steht. Die Brennnessel ist ein Geschenk der Mutter Erde an ihre Kinder. Sie ist in Fülle und Robustheit vorhanden, ganzheitlich verwertbar und überall zu nehmen.

Da das Mädchen im Märchen nach sechs Jahren alle Kräfte einer Schamanin erhalten hatte, drohte ihr – wie so vielen ihrer Schwestern im Leben – der Scheiterhaufen. Aber zu den schamanischen Kräften gehören auch die Hoffnung und das Vertrauen. Beide begleiteten sie und so durften sie und ihre Brüder ein schamanisches Leben auf der Mittelwelt führen. Welch ein Geschenk für die Mitlebenden.

2.3 Verwandlungsmärchen:

- *Hans mein Igel (KHM 108)*
- *Das Eselein (KHM 144)*

2.3.1 Impulse:

- Wie Märchen uns offenbaren, dass sich Tiere ganz selbstlos als Helfer anbieten können.
- Wie seelische Verletzungen im Leben und im Märchen erlöst und verwandelt werden können.
- Wie Märchen uns Bilder für kollektive und individuelle Entwicklungs- und Initiationsschritte geben.

2.3.2 Einstimmung:

Manchmal fühlen wir uns nicht wohl, nicht *richtig* in unserer Haut. Es ist, als wären all die Erkenntnisse und Sichtweisen über das Leben zu eng geworden. Bisher haben sie genügt, aber nun erstarren sie, werden hohl, leer. Fragen bleiben unbeantwortet, Unruhe will sich nicht (weg)trösten lassen. Wir spüren, dass unsere innere Entwicklung stockt, dass wir in Bereichen Kompromisse eingehen müssen, die keine Kompromisse dulden. Es sind Zeiten der Traurigkeit, manchmal der Ohnmacht und Hilflosigkeit. In diesen Zeiten beginnen besonders die Rollen, die wir einst so gerne und voller Zuversicht und Sicherheit eingenommen haben, aufzubrechen. Andere erwarten uns in vertrauter Art (Kinder, Partner, Verwandte, Kollegen), wollen uns in eine Stabilität trösten, der wir zu entrinnen drohen. Oft fühlt sich dies wie eine innere Metamorphose an. Wir kennen das, was uns widerfährt, nicht. Das, was an und in uns passiert, ist uns fremd. Wir können es nicht in Worte kleiden. Fragen anderer nach unserer Befindlichkeit, Bitten um Erklärungen, Angebote der Teilnahme bleiben unbeantwortet und wortlos im Raum. Die Unsicherheit in uns breitet sich um uns aus. Nicht selten erhöht diese Außenwirkung die innere Verwirrung. Etwas in uns ahnt, dass ein Prozess in Gang gekommen ist, der sich nicht aufhalten lässt. Wir fühlen und spüren uns wie eine Raupe, die Verpuppung und Entwicklung zum Schmetterling nicht beeinflussen, nicht verschieben kann, sondern diese gewissermaßen hinnehmen, an sich passieren lassen muss. Diese Wandlungszeiten laden uns ein, uns hinzugeben, bereitwillig und zuversichtlich in unbekannten Gefilden zu wandern, alles anzunehmen, was uns widerfährt. Wie hilfreich können in diesen Zeiten Märchenbilder sein, die unsere Innenwelt spiegeln.

2.3.3 Hans mein Igel (KHM 108)

Es war einmal ein Bauer, der hatte Geld und Gut genung, aber wie reich er war, so fehlte doch etwas an seinem Glück: er hatte mit seiner Frau keine Kinder. Öfters, wenn er mit den andern Bauern in die Stadt gieng, spotteten sie und fragten warum er keine Kinder hätte. Da ward er endlich zornig, und als er nach Haus kam, sprach er »ich will ein Kind haben, und sollts ein Igel sein.« Da kriegte seine Frau ein Kind, das war oben ein Igel und unten ein Junge, und als sie das Kind sah, erschrack sie und sprach »siehst du, du hast uns verwünscht.« Da sprach der Mann »was kann das alles helfen, getauft muß der Junge werden, aber wir können keinen Gevatter dazu nehmen.« Die Frau sprach »wir können ihn auch nicht anders taufen als Hans mein Igel.« Als er getauft war, sagte der Pfarrer »der kann wegen seiner Stacheln in kein ordentlich Bett kommen.« Da ward hinter dem Ofen ein wenig Stroh zurecht gemacht und Hans mein Igel darauf gelegt. Er konnte auch an der Mutter nicht trinken, denn er hätte sie mit seinen Stacheln gestochen. So lag er da hinter dem Ofen acht Jahre, und sein Vater war ihn müde und dachte wenn er nur stürbe; aber er starb nicht, sondern blieb da liegen. Nun trug es sich zu, daß in der Stadt ein Markt war, und der Bauer wollte hin gehen, da fragte er seine Frau, was er ihr sollte mitbringen. »Ein wenig Fleisch und ein paar Wecke, was zum Haushalt gehört« sprach sie. Darauf fragte er die Magd, die wollte ein paar Toffeln und Zwickelstrümpfe. Endlich sagte er auch »Hans mein Igel, was willst du denn haben?« »Väterchen,« sprach er, »bring mir doch einen Dudelsack mit.« Wie nun der Bauer wieder nach Haus kam, gab er der Frau, was er ihr gekauft hatte, Fleisch und Wecke, dann gab er der Magd die Toffeln und die Zwickelstrümpfe, endlich gieng er hinter den Ofen und gab dem Hans mein Igel den Dudelsack. Und wie Hans mein Igel den Dudelsack hatte, sprach er »Väterchen, geht doch vor die Schmiede und laßt mir meinen Göckelhahn beschlagen, dann will ich fortreiten und will nim-

mermehr wiederkommen.« Da war der Vater froh daß er ihn los werden sollte, und ließ ihm den Hahn beschlagen, und als er fertig war, setzte sich Hans mein Igel darauf, ritt fort, nahm auch Schweine und Esel mit, die wollt er draußen im Walde hüten. Im Wald aber mußte der Hahn mit ihm auf einen hohen Baum fliegen, da saß er und hütete die Esel und Schweine, und saß lange Jahre bis die Heerde ganz groß war, und wußte sein Vater nichts von ihm. Wenn er aber auf dem Baum saß, blies er seinen Dudelsack und machte Musik, die war sehr schön. Einmal kam ein König vorbeigefahren, der hatte sich verirrt, und hörte die Musik: da verwunderte er sich darüber und schickte seinen Bedienten hin, er sollte sich einmal umgucken wo die Musik herkäme. Er guckte sich um, sah aber nichts als ein kleines Thier auf dem Baum oben sitzen, das war wie ein Göckelhahn, auf dem ein Igel saß, und der machte die Musik. Da sprach der König zum Bedienten er sollte fragen warum er da säße, und ob er nicht wüßte wo der Weg in sein Königreich gienge. Da stieg Hans mein Igel vom Baum und sprach er wollte den Weg zeigen, wenn der König ihm wollte verschreiben und versprechen was ihm zuerst begegnete am königlichen Hofe, sobald er nach Haus käme. Da dachte der König »das kann ich leicht thun, Hans mein Igel verstehts doch nicht, und ich kann schreiben was ich will.« Da nahm der König Feder und Dinte und schrieb etwas auf, und als es geschehen war, zeigte ihm Hans mein Igel den Weg, und er kam glücklich nach Haus. Seine Tochter aber, wie sie ihn von weitem sah, war so voll Freuden, daß sie ihm entgegen lief und ihn küßte. Da gedachte er an Hans mein Igel und erzählte ihr wie es ihm gegangen wäre, und daß er einem wunderlichen Thier hätte verschreiben sollen was ihm daheim zuerst begegnen würde, und das Thier hätte auf einem Hahn wie auf einem Pferde gesessen und schöne Musik gemacht; er hätte aber geschrieben es sollts nicht haben, denn Hans mein Igel könnt es doch nicht lesen. Darüber war die Prinzessin froh und sagte das wäre gut, denn sie wäre doch nimmer-

mehr hingegangen.

Hans mein Igel aber hütete die Esel und Schweine, war immer lustig, saß auf dem Baum und blies auf seinem Dudelsack. Nun geschah es, daß ein anderer König gefahren kam mit seinen Bedienten und Laufern, und hatte sich verirrt, und wußte nicht wieder nach Haus zu kommen, weil der Wald so groß war. Da hörte er gleichfalls die schöne Musik von weitem und sprach zu seinem Laufer was das wohl wäre, er sollte einmal zusehen. Da gieng der Laufer hin unter den Baum und sah den Göckelhahn sitzen und Hans mein Igel oben drauf. Der Laufer fragte ihn was er da oben vorhätte. »Ich hüte meine Esel und Schweine; aber was ist euer Begehren?« Der Laufer sagte sie hätten sich verirrt und könnten nicht wieder ins Königreich, ob er ihnen den Weg nicht zeigen wollte. Da stieg Hans mein Igel mit dem Hahn vom Baum herunter, und sagte zu dem alten König er wolle ihm den Weg zeigen, wenn er ihm zu eigen geben wollte was ihm zu Haus vor seinem königlichen Schlosse das erste begegnen würde. Der König sagte »ja,« und unterschrieb sich dem Hans mein Igel, er sollte es haben. Als das geschehen war, ritt er auf dem Göckelhahn voraus und zeigte ihm den Weg, und gelangte der König glücklich wieder in sein Reich. Wie er auf den Hof kam, war große Freude darüber. Nun hatte er eine einzige Tochter, die war sehr schön, die lief ihm entgegen, fiel ihm um den Hals und küßte ihn und freute sich daß ihr alter Vater wieder kam. Sie fragte ihn auch wo er so lange in der Welt gewesen wäre, da erzählte er ihr er hätte sich verirrt und wäre beinahe gar nicht wieder gekommen, aber als er durch einen großen Wald gefahren wäre, hätte einer, halb wie ein Igel, halb wie ein Mensch, rittlings auf einem Hahn in einem hohen Baum gesessen, und schöne Musik gemacht, der hätte ihm fortgeholfen und den Weg gezeigt, er aber hätte ihm dafür versprochen was ihm am königlichen Hofe zuerst begegnete, und das wäre sie, und das thäte ihm nun so leid. Da versprach sie ihm aber sie wollte gerne mit ihm gehen wann er käme, ihrem alten Vater zu Liebe.

Hans mein Igel aber hütete seine Schweine, und die Schweine bekamen wieder Schweine, und wurden ihrer so viel, daß der ganze Wald voll war. Da wollte Hans mein Igel nicht länger im Walde leben, und ließ seinem Vater sagen sie sollten alle Ställe im Dorf räumen, denn er käme mit einer so großen Heerde, daß jeder schlachten könnte, der nur schlachten wollte. Da war sein Vater betrübt, als er das hörte, denn er dachte Hans mein Igel wäre schon lange gestorben. Hans mein Igel aber setzte sich auf seinen Göckelhahn, trieb die Schweine vor sich her ins Dorf, und ließ schlachten; hu! da war ein Gemetzel und ein Hacken, daß mans zwei Stunden weit hören konnte. Danach sagte Hans mein Igel »Väterchen, laßt mir meinen Göckelhahn noch einmal vor der Schmiede beschlagen, dann reit ich fort und komme mein Lebtag nicht wieder.« Da ließ der Vater den Göckelhahn beschlagen und war froh daß Hans mein Igel nicht wieder kommen wollte.

Hans mein Igel ritt fort in das erste Königreich, da hatte der König befohlen wenn einer käme auf einem Hahn geritten, und hätte einen Dudelsack bei sich, dann sollten alle auf ihn schießen, hauen und stechen, damit er nicht ins Schloß käme. Als nun Hans mein Igel daher geritten kam, drangen sie mit den Bajonetten auf ihn ein, aber er gab dem Hahn die Sporn, flog auf, über das Thor hin vor des Königs Fenster, ließ sich da nieder, und rief ihm zu er sollt ihm geben was er versprochen hätte, sonst so wollt er ihm und seiner Tochter das Leben nehmen. Da gab der König seiner Tochter gute Worte, sie möchte zu ihm hinaus gehen, damit sie ihm und sich das Leben rettete. Da zog sie sich weiß an, und ihr Vater gab ihr einen Wagen mit sechs Pferden und herrliche Bedienten, Geld und Gut. Sie setzte sich ein, und Hans mein Igel mit seinem Hahn und Dudelsack neben sie, dann nahmen sie Abschied und zogen fort, und der König dachte er kriegte sie nicht wieder zu sehen. Es gieng aber anders als er dachte, denn als sie ein Stück Wegs von der Stadt waren, da zog ihr Hans mein Igel *die schönen Kleider aus, und stach sie mit seiner Igelhaut bis sie ganz blutig war, sagte »das ist der Lohn für eure Falschheit, geh hin, ich will dich nicht,« und jagte sie damit nach Haus, und war sie beschimpft ihr Lebtag.*

Hans mein Igel aber ritt weiter auf seinem Göckelhahn und mit seinem Dudelsack nach dem zweiten Königreich, wo er dem König auch den Weg gezeigt hatte. Der aber hatte bestellt, wenn einer käme, wie Hans mein Igel, sollten sie das Gewehr präsentieren, ihn frei hereinführen, Vivat rufen, und ihn ins königliche Schloß bringen. Wie ihn nun die Königstochter sah, war sie erschrocken, weil er doch gar zu wunderlich aussah, sie dachte aber es wäre nicht anders, sie hätte es ihrem Vater versprochen. Da ward Hans mein Igel von ihr bewillkommt, und ward mit ihr vermählt, und er mußte mit an die königliche Tafel gehen, und sie setzte sich zu seiner Seite, und sie aßen und tranken. Wies nun Abend ward, daß sie wollten schlafen gehen, da fürchtete sie sich sehr vor seinen Stacheln: er aber sprach, sie sollte sich nicht fürchten, es geschähe ihr kein Leid, und sagte zu dem alten König, er sollte vier Mann bestellen, die sollten wachen vor der Kammerthüre und ein großes Feuer anmachen, und wann er in die Kammer eingienge und sich ins Bett legen wollte, würde er aus seiner Igelshaut herauskriechen und sie vor dem Bett liegen lassen: dann sollten die Männer hurtig herbeispringen und sie ins Feuer werfen, auch dabei bleiben, bis sie vom Feuer verzehrt wäre. Wie die Glocke nun elfe schlug, da gieng er in die Kammer, streifte die Igelshaut ab, und ließ sie vor dem Bette liegen: da kamen die Männer und holten sie geschwind und warfen sie ins Feuer; und als sie das Feuer verzehrt hatte, da war er erlöst, und lag da im Bett ganz als ein Mensch gestaltet, aber er war kohlschwarz wie gebrannt. Der König schickte zu seinem Arzt, der wusch ihn mit guten Salben und balsamirte ihn, da ward er weiß, und war ein schöner junger Herr. Wie das die Königstochter sah, war sie froh, und am andern Morgen stiegen sie mit

Freuden auf, aßen und tranken, und ward die Vermählung erst recht gefeiert, und Hans mein Igel bekam das Königreich von dem alten König.

Wie etliche Jahre herum waren, fuhr er mit seiner Gemahlin zu seinem Vater und sagte er wäre sein Sohn; der Vater aber sprach er hätte keinen, er hätte nur einen gehabt, der wäre aber wie ein Igel mit Stacheln geboren worden, und wäre in die Welt gegangen. Da gab er sich zu erkennen, und der alte Vater freute sich und gieng mit ihm in sein Königreich.

Mein Märchen ist aus,
und geht vor Gustchen sein Haus.

In der von den Brüdern Grimm aufgeschriebenen Fassung von 1812 beginnt das Märchen *Hans mein Igel* mit dem Satz: *»Es war ein reicher Bauer, der hatte mit seiner Frau keine Kinder ...«*
1857 steht am Anfang: *»Es war einmal ein Bauer, der hatte Geld und gut genug, aber wie reich er auch war, so fehlte doch etwas an seinem Glück: er hatte mit seiner Frau keine Kinder.«*
Es ist, als wäre 1812 noch ohne Worte verstehbar gewesen, dass Reichtum ohne Kinder bedeutungslos ist. Ein halbes Jahrhundert später musste dieser emotionale Sachverhalt dargelegt werden. Vielleicht wurde schon in diesen Jahren der materielle Wohlstand eine eigene Größe und das Kinderglück ein anderer, sicher nicht minder wichtiger Reichtum. Bis heute hat *Reichtum* viele Gesichter bekommen. Vielen ist gemeinsam, dass dem Mann der Reichtum innewohnt. Im Märchen und im Leben ist selbst der Kinderreichtum fest in männlicher Hand (Kinder tragen meistens den Namen des Vaters und sind *seine* Kinder).
Diese Verschiebung von dem Bild, dass die Seele des Kindes ein Geschenk der Mutter Erde an und in die Frau ist (die Sexualität mit dem Mann als Beigabe des Körpers für die Seele des Kindes ist eher ein bedeutungsloses Detail), war bereits vollzogen. Einst lebten die Kinder in einem Frauenklan, der sich aus mehreren Generationen zusammensetzte, in dem die Frauen

geboren haben und mit Schwestern, Tanten, Großmüttern und Brüdern die Kinder ins Leben begleiteten. Hier im Märchen ist es der Mann, der seine Kinder zeugt und besitzt. In matriarchalen Gesellschaftsformen (bis ca. 5.000 v. Chr.) war die weibliche Klanverbindung der Schoß, in dem ein Kind geborgen, geschützt, genährt und geliebt war. Die Religion dieser Klans war die Verehrung der Göttin, die sich im Jahreslauf spiegelte. Die Beziehung zum zeugenden Mann war eher ein Onkel-Verhältnis, ohne einen Versorgungsanspruch oder eine andere Form der Abhängigkeit. Nur die Liebe zwischen Frau und Mann war das Band zwischen Mann und Frau, zu deren Klan und damit auch zu den Kindern im Klan. War diese nicht (mehr) da, gab es keine Verbindung.

Im ersten Satz des Märchens *Hans mein Igel* wird deutlich, dass der Mann das Kinderrecht, ja sogar die Kinderpflicht (Zeugungspflicht) hat, wenn er als *ganzer Mann* vor den anderen Männern bestehen will. Obwohl das Märchen mit Männern als Bauern beginnt, also jenen Männern, die mit den Gaben der Mutter Erde arbeiten und zur Ernährung beitragen, haben sich Demut und Ehrfurcht vor der weiblichen Gebärkraft verzogen. Sie haben dem Reichtum, der Gier und der Macht Platz gemacht. Diese matriarchal entfremdeten Männer eröffnen das Märchen und tragen es mit der Taufe durch den Pfarrer patriarchal weiter. In der patriarchalen Hochreligion hat der Mann das Sagen über die mütterliche Versorgung übernommen. Das Kind ist nicht mehr im Bauch und an der Brust der Mutter in Liebe, Geborgenheit und Sicherheit gebettet, vielmehr sollen Stroh und Ofenwärme zum Heranwachsen genügen. Im patriarchalen Gesellschaftsgefüge kann die Frau nur gehorchen. Wenn der Mann ein Kind will, gebärt sie ihm eins. Wenn er einen Igel will, bekommt er ihn und als Zeichen seiner Zeugungsallmacht ist es im Geschlechtsbereich ein Junge. Der Mann muss es nur sagen. Durch seine Wortmacht erringt er die Tat. Wenn der Mann (der Pfarrer) Milch und Bett als Muttergaben verbietet, dann muss das geborene Halb-Tier-halb-Mensch-Wesen eben auf Stroh zwischen Ofen und Wand liegen. So sind die Rollen im ersten Teil des Märchens verteilt. Die Mutter tritt nur noch als Bittende um Fleisch und Gebackenes auf (eine matriarchale Frau ist selbst die Brot-Backende und würde kein Tier für den täglichen Speiseplan töten).

Die Magd, die zweite Frau im Märchenanfang, möchte »*ein paar Toffeln und Zwickestrümpfe*«. – Attribute, mit denen sie dem Mann gefällig sein, ihn reizen und locken möchte. So sind die Frauen in diesem Märchen zu Dienenden der Lust und Besitzmacht des Mannes geworden, während die Männer der Natur entfremdete (weil besitzgierige) zeugungsmächtige Bestimmende werden, die auch den letzten Rest an Weiblichkeit aus dem Schwangerschafts-, Geburts- und Versorgungsmysterium nehmen. Das Kind ist *Hans mein Igel*. Ein Igel-Junge, der bis zu seinem achten Lebensjahr hinter dem Ofen vegetiert und zum Leid des Vaters nicht stirbt.

Im zweiten Teil des Märchens erfahren wir den *Erlösungsweg* des Kindes. Hans reift aus einer lebensentfremdenden, patriarchalen Situation, die ihm das darbende Leben hinter dem Ofen beschert hat, zu einem mit einer Frau verbundenen König heran, der sogar seinem Vater einen Platz in seinem Reich gewähren kann. In diesen König hat sich der kauernde Igel-Junge verwandelt.

Das Märchen gibt uns ein Bild dieses Prozesses. Das erste Jahrsiebt überlebt das Kind, weil es die sich einigelnde, einzelgängerische Stachelnatur eines Igels hat und wenigstens den Ofen als Wärme gebende Kraft sicher weiß. Der Dudelsack, jenes Instrument, das den ganzen Weltenatem im Ledersack bündelt, um ihn als gar so schöne Musik wieder zu entlassen, wurde seine Lebenslunge. Mit dieser wohl konzentrierten Ordnung der Gefühlsäußerungen kann das Kind ins Leben treten. Es braucht nur den gehuften Hahn, jenes Tier, das die Veränderung, den neuen Tag, den neuen Lebensabschnitt ankündigt, und dazu noch Schweine und Esel. Mit diesen Tieren nimmt der Igel-Junge Ritualtiere aus alten Zeiten mit: Das Schwein, das in matriarchalen Zeiten Begleittier der Göttinnen war, als Glücksstier und Fruchtbarkeitstier angesehen wurde (Isis, Demeter und Freya ritten auf ihm) und den Esel, der Geduld, Klarheit im eigenen Willen (bis zur Sturheit) und Lust (Lebenslust?) repräsentiert.

Entschlossen verlässt Hans den Ofenplatz und flieht in den Wald. Sein

Ziel ist ein hoher Baumwipfel. Aus dieser hohen Perspektive kann er seinen Peiniger, den Vater, *Väterchen* nennen. Dort wo sich Mutter Erde zu Vater Himmel streckt, wo weibliche Naturkraft männliche Geisteskraft umarmt, weit weg von patriarchalen Verstrickungen, Verzerrungen und Leblosigkeiten, lässt sich das Leben vermehren, können die schönsten Töne erklingen. Die Tiere und die Musik werden sein Reichtum. Der Versuch, doch noch einen Platz im patriarchalen Gefüge des Elternhauses und der Dorfgemeinschaft zu bekommen, schlägt fehl, sodass der Junge zur Beruhigung des *Väterchens* versichert: »*Dann reit ich fort und komme mein Lebtag nicht wieder.*«

Aber dort im Wald, im Reich des Unbewussten, Geheimnisvollen erklingt seine Musik. Die geordneten, wohl klingenden Lebensäußerungen des Igel-Mannes vom höchsten Baumwipfel locken zwei verirrte Könige an. Beide Könige haben Töchter im heiratsfähigen Alter. Beide wissen nicht, wie das Leben gehen kann, wo ihr Weg ist.

Der erste König gibt sich gemeinsam mit seiner Tochter der Lüge, dem Trug und dem Schein hin, der zweite gesteht sich und seiner Tochter Angst, Hilflosigkeit und Ohnmacht ein. Der erste König wird mit eselhafter Klarheit bedroht, denn Hans »*rief ihm zu er soll ihm geben, was er versprochen hatte, sonst wollt er ihm und seiner Tochter das Leben nehmen*«. Die Tochter wird verwundet, sodass ihr Blut den Schein von weißer Unschuld befleckt und ihre Wunde der Weiblichkeit sichtbar wird. – Ein Ehefrauenleben im Patriarchat, aus dem Nutzen und Vorteil gezogen werden soll, kann nur blutig enden.

Der zweite König öffnet Hans das Schlosstor und den Platz als Bräutigam an der Seite seiner Tochter. Sowohl der König als auch die Tochter halten, was sie versprochen haben, und können ihre Unsicherheit, Angst und Furcht ausdrücken. Dieses Zeigen der eigenen Orientierungslosigkeit, das Ausdrücken von Gefühlen, das Sprechen über Angst laden Hans ein, zu trösten und Verantwortung für sich zu übernehmen. Er ist es, der das Ritual seiner Verwandlung beschreibt. Während er sich der Traumwelt, seinem Unbewussten hingibt, darf das erlösende Feuer seine alte Haut transformieren. Den Humus für die Verwandlung bietet die Ehrlichkeit seiner Braut, die nicht weiß (und keine Vorbilder hat), wie sich das Leben mit einem Igel-Mann gestalten lässt. Während die Königstochter sich auf ihre Gefühle besinnt und diese zeigt (und damit eine nicht-patriarchale Frau ist), kann sich Hans in einen nicht-patriarchalen Mann häuten. Er wandelt sich in die dunkle Haut. Es sind unsere dunklen Seiten, die wir überwinden müssen, wenn wir im Licht bestehen wollen, wenn sich die Stacheln des Igels zu Sonnenstrahlen wandeln dürfen.

Dass das Märchen »*Hans mein Igel*« eine Art Trancereise in eine Zukunft jenseits von matriarchalen und patriarchalen Gesellschaftsbildern ist, zeigt auch der Schlussvers: »*Mein Märchen ist aus, und geht vor Gustchen sein Haus.*« Ähnlich einer Rückführung aus einer Fantasiereise ins Hier und Jetzt des Lebens, dorthin, wo unser Aufgaben warten.

So sind Verwandlungsmärchen oft Bilder der kollektiven und/oder individuellen Verwandlung. Es sind Märchen, die zeigen, wie wir uns innerhalb einer Biografie häuten können.

2.3.4 Das Eselein (KHM 144)

Es lebte einmal ein König und eine Königin, die waren reich und hatten alles, was sie sich wünschten, nur keine Kinder. Darüber klagte sie Tag und Nacht und sprach »ich bin wie ein Acker, auf dem nichts wächst.« Endlich erfüllte Gott ihre Wünsche: als das Kind aber zur Welt kam, sahs nicht aus wie ein Menschenkind, sondern war ein junges Eselein. Wie die Mutter das erblickte, fieng ihr Jammer und Geschrei erst recht an, sie hätte lieber gar kein Kind gehabt als einen Esel, und sagte man sollt ihn ins Wasser werfen, damit ihn die Fische fräßen. Der König aber sprach »nein, hat Gott ihn gegeben, soll er auch mein Sohn und Erbe sein, nach meinem Tod auf dem königlichen Thron sitzen und die königliche Krone tragen.« Also ward das Eselein aufgezogen, nahm zu, und die Ohren wuchsen ihm auch fein hoch und gerad hinauf. Es war aber sonst fröhlicher Art, sprang herum, spielte und hatte besonders seine Lust an der Musik, so daß es zu einem berühmten Spielmann gieng und sprach »lehre mich deine Kunst, daß ich so gut die Laute schlagen kann als du.« »Ach, liebes Herrlein,« antwortete der Spielmann, »das sollt euch schwer fallen, eure Finger sind nicht allerdings dazu gemacht und gar zu groß; ich sorge die Saiten haltens nicht aus.« Es half keine Ausrede, das Eselein wollte und mußte die Laute schlagen, war beharrlich und fleißig, und lernte es am Ende so gut als sein Meister selber. Einmal gieng das junge Herrlein nachdenksam spazieren und kam an einen Brunnen, da schaute es hinein und sah im spiegelhellen Wasser seine Eseleinsgestalt. Darüber war es so betrübt, daß es in die weite Welt gieng und nur einen treuen Gesellen mitnahm. Sie zogen auf und ab, zuletzt kamen sie in ein Reich, wo ein alter König herrschte, der nur eine einzige aber wunderschöne Tochter hatte. Das Eselein sagte »hier wollen wir weilen,« klopfte ans Thor und rief »es ist ein Gast haußen, macht auf, damit er eingehen kann.« Als aber nicht aufgethan ward, setzte er sich hin, nahm seine Laute und schlug sie mit seinen zwei Vorderfüßen aufs lieblichste. Da sperrte der Thürhüter gewaltig die Augen auf, lief zum König und sprach »da draußen sitzt ein junges Eselein vor dem Thor, das schlägt die Laute so gut als ein gelernter Meister.« »So laß mir den Musikant hereinkommen« sprach der König. Wie aber ein Eselein hereintrat, fieng alles an über den Lautenschläger zu lachen. Nun sollte das Eselein unten zu den Knechten gesetzt und gespeist werden, es ward aber unwillig und sprach »ich bin kein gemeines Stalleselein, ich bin ein vornehmes.« Da sagten sie »wenn du das bist, so setze dich zu dem Kriegsvolk.« »Nein,« sprach es, »ich will beim König sitzen.« Der König lachte und sprach in gutem Muth »ja, es soll so sein, wie du verlangst, Eselein, komm her zu mir.« Danach fragte er »Eselein, wie gefällt dir meine Tochter?« Das Eselein drehte den Kopf nach ihr, schaute sie an, nickte und sprach »aus der Maßen wohl, sie ist so schön wie ich noch keine gesehen habe.« »Nun, so sollst du auch neben ihr sitzen« sagte der König. »Das ist mir eben recht« sprach das Eselein und setzte sich an ihre Seite, aß und trank und wußte sich fein und säuberlich zu betragen. Als das edle Thierlein eine gute Zeit an des Königs Hof geblieben war, dachte es »was hilft das alles, du mußt wieder heim,« ließ den Kopf traurig hängen, trat vor den König und verlangte seinen Abschied. Der König hatte es aber lieb gewonnen und sprach »Eselein was ist dir? du schaust ja sauer wie ein Essigkrug: bleib bei mir, ich will dir geben, was du verlangst. Willst du Gold?« »Nein« sagte das Eselein und schüttelte mit dem Kopf. »Willst du Kostbarkeiten und Schmuck?« »Nein.« »Willst du mein halbes Reich?« »Ach nein.« Da sprach der König »wenn ich nur wüßte was dich vergnügt machen könnte: willst du meine schöne Tochter zur Frau?« »Ach ja,« sagte das Eselein, »die möchte ich wohl haben,« war auf einmal ganz lustig und guter Dinge, denn das wars gerade, was es sich gewünscht hatte. Also ward eine große und prächtige Hochzeit gehalten. Abends, wie Braut und Bräutigam in ihr Schlafkämmerlein geführt wurden, wollte der König wissen ob sich das Eselein auch fein artig und manierlich betrüge, und hieß einem Diener sich dort verstecken. Wie sie nun beide drinnen waren, schob der Bräutigam den Riegel vor die Thüre, blickte sich um, und wie er glaubte daß sie ganz allein wären, da warf er auf einmal seine Eselshaut ab und stand da als ein schöner königlicher Jüngling. »Nun siehst du,« sprach er, »wer ich bin, und siehst auch daß ich deiner nicht unwerth war.« Da ward die Braut froh, küßte ihn und hatte ihn von Herzen lieb. Als aber der Morgen herankam, sprang er auf, *zog seine Thierhaut wieder über, und hätte kein Mensch gedacht was für einer dahinter steckte. Bald kam auch der alte König gegangen, »ei,« rief er, »ist das Eselein schon munter! Du bist wohl recht traurig,« sagte er zu seiner Tochter, »daß du keinen ordentlichen Menschen zum Mann bekommen hast?« »Ach nein, lieber Vater, ich habe ihn so lieb, als wenn er der allerschönste wäre, und will ihn mein Lebtag behalten.« Der König wunderte sich, aber der Diener, der sich versteckt hatte, kam und offenbarte ihm alles. Der König sprach »das ist nimmermehr wahr.« »So wacht selber die folgende Nacht, ihr werdets mit eigenen Augen sehen, und wißt ihr was, Herr König, nehmt ihm die Haut weg und werft sie ins Feuer, so muß er sich wohl in seiner rechten Gestalt zeigen.« »Dein Rath ist gut« sprach der König, und Abends als sie schliefen, schlich er sich hinein, und wie er zum Bett kam, sah er im Mondschein einen stolzen Jüngling da ruhen, und die Haut lag abgestreift auf der Erde. Da nahm er sie weg und ließ draußen ein gewaltiges Feuer anmachen und die Haut hineinwerfen, und blieb selber dabei, bis sie ganz zu Asche verbrannt war. Weil er aber sehen wollte wie sich der Beraubte anstellen würde, blieb er die Nacht über wach und lauschte. Als der Jüngling ausgeschlafen hatte, beim ersten Morgenschein, stand er auf und wollte die Eselshaut anziehen, aber sie war nicht zu finden. Da erschrak er und sprach voll Trauer und Angst »nun muß ich sehen daß ich entfliehe.« Wie er hinaustrat, stand aber der König da und sprach »mein Sohn, wohin so eilig, was hast du im Sinn? Bleib hier, du bist ein so schöner Mann, du sollst nicht wieder von mir. Ich gebe dir jetzt mein Reich halb, und nach meinem Tod bekommst du es ganz.« »So wünsch ich daß der gute Anfang auch ein gutes Ende nehme« sprach der Jüngling, »ich bleibe bei euch.« Da gab ihm der Alte das halbe Reich, und als er nach einem Jahr starb, hatte er das ganze, und nach dem Tod seines Vaters noch eins dazu, und lebte in aller Herrlichkeit.*

Auch das Verwandlungsmärchen *Das Eselein* beginnt mit einem reichen Paar, dem nur der Kindersegen fehlt. Hier sind es ein König und eine Königin, »*die waren reich und hatten alles, was sie sich wünschten, nur keine Kinder.*« Es ist ein Paar, bei dem beide Partner auf Augenhöhe stehen. Sie sind König und Königin, haben alles gemeinsam und vermissen miteinander Kinder. Ja, so viel haben sie und doch richten sie ihr Augenmerk auf das, was fehlt.

So ist es, wenn wir gewohnt sind, all unsere Wünsche erfüllt zu bekommen: Wir werden ungehalten, wenn es dann einmal einen Wunsch gibt, der unerfüllt bleibt. Es scheint nicht die Natur des Lebens zu sein, alle Wünsche zu erfüllen. Vielmehr scheint das Leben seinen Lauf zu nehmen, uns in einigen Bereichen mit »*Schicksal*« zu beschenken, zu überraschen, zu erschrecken oder zu erfreuen und uns die Grenzen unserer Gestaltungsallmacht aufzuzeigen.

Im Märchen *Das Eselein* ist es die Königin, die Tag und Nacht über die Kinderlosigkeit klagt. Sie vergleicht sich mit einem »*Acker, auf dem nichts wächst*« und merkt gar nicht, wie nah und fern ihr das Bild ist. Die Natur, der Lebenshumus, ist in ihr nicht mehr fruchtbar. Sie hat sich mit ihrer Königinnenrolle zu sehr von der Natur entfernt. Es ist die Natur, die in jeder Frau ihr kleines Wunder vollzieht, wenn aus Sperma und Ei die Kind werdende Zellteilung beginnt. In diesem Königspaar wirkt die Natur nicht. Zu weit sind König und Königin von der Natur entfernt. Die Königin kann das nicht annehmen, sehen und zur Natur zurück wollen, sie kann nur klagen und jammern.

Nun aber ward sie doch schwanger. Als die Königin statt eines Kindes ein junges Eselein geboren hatte, »*fing ihr Jammer und Geschrei erst recht an, sie hätte lieber gar kein Kind gehabt als einen Esel, und sagte, man sollt ihn ins Wasser werfen, damit ihn die Frösche fräßen.*« So zeigt die Königin, dass sie sich in zweifacher Weise von der Natur entfernt hat: Zum einen dadurch, dass sie ihr Schicksal der Kinderlosigkeit nicht annehmen, verstehen und mit Sinn füllen kann, und zum anderen, dass sie ein geschenktes Leben an ihren Erwartungen misst und bei Unbehagen zu töten bereit ist. Jene weiblichen Kräfte, die da sind *Annehmen* und *Loslassen*, *Hinnehmen* und *Belassen*, stehen der Königin nicht zur Verfügung.

Ein Eselein ist das Kind der Königin. Der Esel gilt als das Tier, das von den Menschen schon in ältester Zeit domestiziert wurde. Er ist ein Freund des Menschen, trägt treu und verlässlich dessen Lasten und verrichtet auch in glühendster Sommerhitze Ackerarbeit. Er war bei der Geburt des Jesus-Kindes dabei und trug die Heilige Familie auf der Flucht vor Herodes. Auch war er das Reittier Jesu, als dieser nach Jerusalem einzog. Im Märchen ist es der König, ganz im männlichen Sinne der männlichen Religion verschrieben, der betont, dass das Eselein sein Sohn und Erbe sein soll und nach seinem Tod auf königlichem Thron sitzen und die königliche Krone tragen soll. Der König legt Wert auf Form und Etikette, auch wenn sie bedeuten, dass ein Esel sein Nachfolger wird.

So darf das Eselein leben. Sturheit, Geduld, Lust und Freude, Willenskraft und Durchhaltevermögen … All die Eselkräfte sollen dem neuen Erdenbürger noch dienlich sein.

Wider Erwarten entwickelt sich das Tierchen in der lieblosen Atmosphäre prächtig. Er springt freudig und lustig umher und findet besonders in der Musik sein Glück. Die Laute soll sein *Emotionsorgan* werden. Es ist die Eselnatur in ihm, die ihn in dieser emotionalen Kargheit fröhlich sein lässt. Dass das Eselein seine Herzensangelegenheiten durch die Musik erklingen lässt (»*das Eselein wollte und musste die Laute schlagen*«), ist vielleicht ein zarter Hinweis auf den Schmerz und die Wortlosigkeit des Ungeliebten. Erst das eigene Spiegelbild (dem wir uns alle mit ca. 12 Jahren stellen müssen und bei dessen Anblick auch wir bisweilen sehr betrübt werden), bewegt das Eselein so sehr, dass es mit seiner Laute und einem treuen Gesellen in die weite Welt zieht. Da wandern sie scheinbar ziellos ins Ungewisse. Das Eselein ergibt sich dem Leben, seinem Lebensweg, dem, was das Leben geheim hält, öffnet sich dem Ungewissen und läuft darauf zu. Die beiden ziehen auf und ab. »*Zuletzt kamen sie in ein Reich, wo ein alter König herrschte, der nur eine einzige aber wunderschöne Tochter hatte.*« Es ist des Lebens Auf und Ab, das die beiden zuließen und es ist ein alter König, bei dem sie verweilen. Vielleicht ist der König nicht alt von Alters her, sondern ein König aus alten Zeiten? Vielleicht kann dieser alte König hinter den Schein blicken und das Wahre ahnen? Die Eselnatur und die Pflege des musikalischen Ausdrucks, der Wille und die Klarheit bringen das Eselein trotz Lachen und Widerstand neben die Königstochter, die er auf Bitten des Königs ansieht und die ihm gefiel. »*Sie ist so schön, wie ich noch keine gesehen habe.*« Es ist der König aus alter Zeit, der das Eselein neben der wunderschönen Tochter sitzen lässt und dadurch eine ungewöhnliche Partnerschaft herstellt, die keine Hierarchie oder Etikette kennt. Bisher hat das Eselein das Wegziehen von zu Hause für sich gewählt, nun kommt ihm aber die Erkenntnis – »*was hilft das alles, du musst wieder heim*« –, die ihn zum Abschied von dem alten König und seiner Tochter ruft. Der König bietet dem Eselein Gold, Kostbarkeiten, das halbe Reich und schließlich seine Tochter als Gemahlin, weil er so sehr wünscht, dass das Eselein da bleibt. Erst beim letzten Angebot frohlockt das Eselein. Es »*war auf einmal ganz lustig und guter Dinge, denn das war's gerade, was er sich gewünscht hatte*«.

Wie anders mutet dieser Wunsch des alten Königs im Vergleich zu dem Gejammer der Königin zu Beginn des Märchens an. Es ist ein stiller Wunsch, ein Wunsch, der wartet, bis das Leben ihm von außen die Tür öffnet, ein Wunsch, der Geduld hat und dessen Erfüllung auch aus dem Leben kommt, nicht nur aus dem eigenen Willen. Es ist ein Wunsch im Einklang mit Entwicklung und Reifung. Die Wunscherfüllung ermöglicht dem Eselein, sich zu zeigen, seine Schönheit zumindest in der Nacht, in der sicheren Zweisamkeit zu zeigen. Der alte König folgt weise dem Rat des Dieners und trägt zur vollständigen Verwandlung bei. Jetzt kann leben, was zu leben angelegt ist. Es kann in Fülle leben, wie Leben eben ist.

3 Biografiearbeit mit Märchen:

3.1 Impulse:

- Was ist das Besondere an Märchen?
- Welche Kräfte führen in die Tiefe der Seele, dorthin, wo die Märchenbilder zu sehen sind?
- Welche Beziehung gibt es zwischen Märchenverlauf und Biografie?
- Wie können Märchen heilen?

3.2 Einstimmung:

Märchen eignen sich wie keine andere Textgattung für die Herausforderung, das eigene Leben besser zu verstehen und erahnen zu können, welcher Sinn hinter dem Verlauf des Lebens, seinen Höhen und Tiefen, Wundern und Schrecken verborgen ist. Wir können erfahren lernen, welche Aspekte dazu geführt haben, dass wir in dieses Leben gekommen sind, welche Lernangebote in den Situationen, die uns widerfahren sind liegen und wie wir getröstet, voller Liebe und Mut in unsere Zukunft schauen können.
Sinnverknüpfungen und Übungen, Fantasiereisen und Vertiefungen in Märchenaspekte wie Zeit, Ort, Helfer, Tierverbündete und magische Kräfte dienen als Orientierungsangebote und Hilfen, das eigene Leben in die eigene Freiheit der Gestaltung zu führen. Die Leserinnen und Leser sind eigeladen, entweder in einer Gruppe oder alleine an Bildern, die in ihnen eine Resonanz auslösen, zu verweilen. Sie können Übungen, die sie ansprechen, durchführen (hierfür eignen sich das mehrmalige Lesen, Vorlesen oder Verändern der Angebote, Zeit und Ruhe, Stille im Herzen und Offenheit für das Neue) und selbst die kleinsten Berührungen oder

Veränderungen in einem kleinen Biografie-Büchlein malend oder schreibend würdigen und feiern.

»Vom Himmel hoch, da komm' ich her / Ich bring' euch gute neue Mär ...«, dichtete einst Martin Luther vor langer Zeit. So singen es Menschen noch heute, wenn sie die Mär, vom Himmel gebracht, die Geburt des kleinen Kindes im Stall feiern. Wenige Tage nach der Wintersonnenwende, der *Rumpelnacht*, wird die Geburt des Lichtes mit Ochse, Esel und Schafen, mit Engeln, Königen und Hirten und dem Elternpaar, Maria und Josef, gefeiert. Alle sind sie da: die Tiere mit ihren selbstlos dienenden Kräften, die helfen, schützen, wärmen, ernähren, tragen und sich selbst geben, die Könige als Vertreter der Weisheit, des Reichtums und der Fülle, die meditierenden Hirten, die mit der Natur verbunden sind, die Engel, jene himmlische Schar, die auch *Boten Gottes* genannt werden, und die auserwählten Eltern. Das ist ein uns allen sehr bekanntes Bild, mit dem wir noch heute die Geburt des Lichts feiern.

Ein anderes Bild für das neu ankommende Licht ist der Eber, der das Lebensrad wieder anrollt, oder Percht, Berchta, Holle, die im November das Licht zu den Ahnen in den Leib der großen Mutter Erde bringt, damit es dort, zur Rumpelnacht, die Samen der Pflanzen des Lebens austreibt, damit sie ihren Weg auf die Erdoberfläche finden. Frau Holle hütet das Licht, gibt es den Toten, den Ahnen, den schlafenden Pflanzenkindern, damit die *Ähnchen*, die Enkelchen geboren werden können, damit es im Frühling grünt und blüht.

Zur Wintersonnenwende wird aller Ortens seit jeher die Geburt des Lichts gefeiert. So viele Bilder hat jenes für Mensch und Tier überlebenswichtige Geschehen im Laufe der Zeit und der Orte entworfen. All diese Bilder werden vom Himmel gebracht. Sie sind die Fülle der Mären. All diese Mären, die Märchen, sind also vom Himmel gegebene Bilder. Sie sind nicht erfunden oder gedichtet. Dieses Besondere der Märchen gilt es zu fühlen, wenn die Märchen uns helfen sollen, das Leben zu verstehen, Sinn, Liebe und Weisheit in ihnen zu erahnen und uns zu versichern, dass alle Geschehnisse ihre Richtigkeit im großen Lernweg der eignen Biografie haben.

Da wir in unseren Zeiten sehr verstandesorientiert sind, alle Eindrücke mit Logik, Wissen und Beispielen erklärt haben wollen, haben es die Märchen schwer, als *vom Himmel hoch* kommend erkannt zu werden. Wenn wir ihnen aber diese Liebe, Weisheit und Wahrheit, die alle Himmelsbotschaften haben, nicht zugestehen wollen oder können, dann können die Märchen uns in der Biografiearbeit nicht helfen. Sie bleiben dann Geschichten mit mal eigenartigen, mal grausamen, mal beglückenden Bildern und immer einem guten Ende.

Damit die Märchen ihre Wahrheit offenbaren können, lädt Felix von Bonin in seinen 13 kleinen Märchenbändchen den Leser ein, in den *Zauberwald* zu dringen. Dann »*kannst du gar nicht mehr anders, als mutig voran zu schreiten, tief hinein ins Holz*«.[26] Wenn der Leser alle Prüfungen bestanden hat, erhält er ein Bändchen der Bücher als Geschenk. Ein Unbekannter wird eine Brille reichen, die zwei verschiedene Gläser hat. »*Wenn du durch das eine schaust, dann liest du eine wundersame Geschichte, die jedes Mal, wenn du sie wieder liest, anders zu laufen scheint und anderes bedeuten will. Wenn du aber durch das zweite Glas schaust, dann liest du dein eigene Lebensgeschichte, die in diesem Buch niedergeschrieben ist.*«[27] Andere raten den Leserinnen, sich in einen meditativen Zustand zu versetzen. Über Atmung, Körperübungen, ruhiges Liegen, sanfte Musik, Betrachten eines Kerzenlichtes, Trommelrhythmen etc. lässt sich der quirlige, immer arbeitende Verstand in eine Ruhe locken und macht so den intuitiven Kräften, den Fantasiegaben Platz, die dann gerne die Seelenpforten öffnen und die Bilder der Märchen an den Wänden des Herzens großzügig aufhängen. Dort ist es so leicht, Wahres, Sinnvolles und immer Liebendes zu erahnen – mögen die Bilder auch

---

[26]Bonin, F., *Heilung durch Märchen, 13 Bände*, 2004, Param Verlag, Prolog im Zauberwald

[27]Bonin, F., *Heilung durch Märchen, 13 Bände*, 2004, Param Verlag, Prolog im Zauberwald

noch so schwer, trostlos und ausweglos erscheinen. Wie von Schicksalshand geführt, wirkt ein Bild nach dem anderen und verknüpft sich mit den eigenen Lebensbildern, sodass ein tiefes Verständnis des Märchens und des eigenen Lebens auftauchen kann. Wo auch immer das eigene Leben gerade innehält, es erhält den schon so oft gesuchten *roten Faden* und wagt geschützt und begleitet den Blick nach vorne.

Einst, als die Verstandeskräfte noch nicht die Oberhand hatten und neben ihnen die Herzens- und Geisteskräfte immerwährend ihren Platz wussten, reichte das *»Es war einmal ...«* oder *»In den alten Zeiten, als das Wünschen noch geholfen hat ...«* aus, um jenes Himmelstor zu öffnen und die Wahrheit des Märchens zu entlassen. Kaum hörte man einst die ersten Worte, da legte sich ein fast heiliger Schleier um das Gemüt und die archetypischen Bilder der Märchen erwachten im eigenen Leben und offenbarten ihre Wahrhaftigkeit. Erzählt wurden die uralten Bilder, denn so konnte die Erzählerin die Seele der Hörerinnen erahnen und das Märchen auf sie hin gewichten.

Ein Märchen ist wie ein Musikstück. Es können Höhen, Tiefen, Geschwindigkeiten, Betonungen und Schwünge selbst bestimmt werden, ohne dass das Werk dadurch verändert wird. Das Märchen verträgt jedoch kein Pathos, Psychologisierung, Pädagogisierung oder den erhobenen Zeigefinger der Moral. Das ist, als würden dicke Pinselstriche mit Ölfarben die Aquarelle an der Herzwand übermalen. Da kann der Farbton noch so treffend gewählt, der Duktus des Pinsels noch so an die Linien des Bildes angepasst sein, die Luftigkeit und Lebendigkeit des Aquarells gehen dennoch verloren, das Märchenbild wird zerstört. Dann läuft das Märchen Gefahr, zu erschrecken oder zu belehren. Diese Wirkung wohnt allerdings keinem Märchen inne.

3.2.1 Zu den Übungen

Die Übungen verstehen sich als Impulse, Anregungen, Einladungen zu sich, den eigenen Seelenbildern, den Märchenbildern zu finden, ohne im

Dickicht der Bewertungen, Interpretationen, Moralprägungen der letzten 2.000 Jahre und der kulturellen Angstbilder hängenbleiben zu müssen. Sie sind weder an die Zeit noch an den Ort gebunden. So können sie immer und überall, wenn die Möglichkeit zur inneren Einkehr gegeben ist, durchgeführt werden. Sie zeigen ihre Wirkung auch nach kurzer Anwendung.

Jede Reise in die eigenen Bilder ist eine Reise in die eigene seelische Genesung und Freiheit. Die Übungen sind nicht an Rituale gebunden. Auch wenn Rituale helfend sein können und da und dort angeboten werden, sind sie keine Bedingung oder gar Notwendigkeit für die Wirkung der Übungen. Es ist mir wichtig zu betonen, dass ich weder esoterische Reisen noch Belehrungen zum Schamanentum oder zur Entwicklung hin zur Schamanin anbiete. Die Übungen sollen den Weg zu den eigenen Seelenbildern, Erinnerungsfetzen, Momenten der Veränderung öffnen und begleiten und diesen die Märchenbilder einiger Märchen der Sammlung der Brüder Grimm entgegenspiegeln. Hierbei ist es mir ein Anliegen, diese von ihren christlich-dogmatischen Vorstellungen zu befreien und ihnen einen Hauch ihrer uralten Herkunft (vorbei an Naturvölkern, Schamanentum, keltischen Einflüssen, ägyptischer, griechischer oder germanischer und christlicher Mythologie) zu entlocken.

Es ist meine tiefe Überzeugung und mit der Grund für dieses Buch, dass unsere eigenen, individuellen Seelenbilder im Spiegel der Märchenbilder verstehbar und dadurch heilbar werden und wir den Trost des immer Gültigen in uns »*tiefer noch als je der Tag gedacht*«[28] spüren können. Irgendwo in unserer Seele, dort, wo sich die Bilder zeigen, sind Erinnerungen an die Liebe des Lebens, die Ewigkeit im Lebensrhythmus *Leben-Tod-Leben*, die große gütige Weisheit in allem, was jedem von uns passiert, die Großzügigkeit von Mutter Erde, die ihre Kinder (Menschen, Tiere, Pflanzen) mit Kräuter und Pflanzen zur Nahrung und Heilung beschenkt, gespeichert. Dies gilt es, im Spiegel der Märchen zu sehen.

---

[28] Nietzsche, F., *Zarathustra*

Die Übungen sind in der *Du-Form* geschrieben, damit sich jede Leserin und jeder Leser persönlich eingeladen, begleitet und gemeint fühlen kann. Du kannst sie im Liegen, auf einer Yoga-Matte oder im Sitzen durchführen. Manche Übungen sind aus dem Kontext der Beratung geschrieben. Sie lassen sich leicht in die Eigenarbeit übertragen.

3.2.2 Meditation als Einstimmung in jede Vertiefung:

Lehne dich zurück und schließe deine Augen. Konzentriere dich einige Atemzüge lang auf das Ein- und Ausströmen der Luft durch deinen Körper. Nimm wahr, wie die Luft an deinen Nasenflügeln vorbei in deinen Körper fließt, den Brustkorb und den Bauchraum weitet und sich dann über das Blut überall in dir verteilt. Es ist das immerwährende Geschenk des Lebens an dich, das dich in allen Lebenslagen nicht verlässt.
Entlasse dann die verbrauchte Luft aus deinem Körper. Nimm wahr, wie dieser sich wieder zusammenzieht und die Luft abgibt. Er gibt ab, was er nicht mehr braucht, was zu viel, zu schwer ist. Der Körper lässt los. Übe dich darin, anzunehmen und loszulassen.
Diese Gesten sind in allen Lebensgestaltungen (gedanklich, seelisch, situativ, zwischenmenschlich, verbal) sehr wichtig. Unser Wohlergehen hängt von der Ausgewogenheit dieser Gesten ab. Wenn du dich auf diese (oder eine andere) Weise in deine innere Ruhe geführt hast, treten Bilder auf. Sie erscheinen, weil du in Ruhe in dir bist. Sie erscheinen, weil sie tief in dir zu Hause sind. Manchmal sind die Bilder Gefühlsfetzen, Eindrücke, Gerüche, Blitzlichter der Angst, des Vertrauens, der Geborgenheit.
Wenn du zulässt, dass deine Bilder erst vage, nebulös und kurzweilig auftreten und du dich nicht aus deiner Ruhe und Sicherheit, dass es in dir einen Bilderschatz gibt, herausbringen lässt, dann werden deine Bilder klarer und deutlicher. Es sind manchmal einzelne Szenen aus deiner Kindheit oder Farbzusammenstellungen, Geruchsmosaike oder Klanggebilde, die sich dir zeigen. Lass alles, was in dir auftritt zu und schaue es

an, als wäre es ein Bild, dem du gegenüberstehst. Versuche alles zu erkennen, zu gewahren, ohne es zu bewerten, zu interpretieren oder dich allzu sehr mit Freud und Leid zu verbinden.

Nun spüre in die Bilder hinein. Spüre und fühle sie ganz genau. Versuche jedes Gefühl regelrecht abzuschmecken. Lass es ganz aufkommen, sich zeigen. Es darf sich ausbreiten. Dies gelingt dir immer besser, je länger du es schaffst, das Gefühl nicht mit Euphorie oder Pathos zu erweitern. Wir sind es gewohnt, Gefühle extrem fühlen zu wollen. Damit uns diese *großen Gefühle* gelingen, bereichern wir sie mit Gedanken der Euphorie oder des Pathos und versinken in Jubel oder Selbstmitleid. Es tut gut, Gefühle in ihrer Zartheit zu belassen, denn nur so können sie ihre Tiefe entfalten.

Eine weitere Möglichkeit ist, Gefühle im Körper zu spüren. Wandere deinen Körper innerlich mit einem Body-Scan ab. Du beginnst bei deinen Zehenspitzen und endest an der Schädeldecke und *durchläufst* alle Gelenkpunkte. Du reist mit deiner Aufmerksamkeit durch Zehen, Füße, Knöchel, Unterschenkel, Knie, Oberschenkel, Gesäß, Bauch, Brust, Schultern, Oberarme, Ellenbögen, Unterarme, Finger, Kinn, Wangen, Stirn, Schädel, Kopf und spürst jeweils kurz hinein, atmest ein und aus und lauschst, ob sich dort ein Bild oder ein Gefühl festsetzt. Dann verweile bei deiner Beobachtung (Body-Scan-Begleitungen auf CD gibt es von Jon Kabat Zinn u.a.).

Wenn du diese innere Reise gemacht hast, kannst du mit der Arbeit mit Märchen beginnen.

3.3 Eröffnungsfragen: Wegbegleitung zum eigenen Lieblingsmärchen

Alle Fragen dürfen spontan, ohne nachzudenken oder gar zu grübeln beantwortet werden. Die Fragen werden mit Pause aufgenommen. Es dürfen Antworten auftauchen.

Erinnere dich daran wann, wie, wo und durch wen Märchen in dein Leben gekommen sind. Warst du Kind? Gab es jemanden, der dir Märchen vorgelesen oder erzählt hat? Hattest du ein Märchenbuch oder eine Märchen-CD oder eine DVD? War deine Märchenbegegnung morgens, mittags oder abends? Wo warst du? (Auf dem Sessel, im Bett, auf dem Schoß, im Garten …) Wie sah der Ort, das Zimmer aus? Welche Farben gab es? Wie roch es um dich? Hattest du ein Lieblingsmärchen? Gab es ein Märchen, das du öfter gehört hast? Hattest du vor etwas Angst? Hat dich etwas fasziniert? Welche Märchenbilder hast du vor Augen? Kennst du noch einen Vers aus dem Märchen? Schau dir innerlich das Märchen nochmals an. Was weißt du noch? Wer kommt darin vor? Wo geschieht das Märchen? Mit wem warst du verbunden? Wer hat dir Angst gemacht? Was konntest du intensiv erleben, durchleiden, erringen, bestehen? Wo und wann zeigte sich Erleichterung?

Wenn du diese Bilder in dir angeschaut hast, kannst du schauen, ob es die DVD, CD oder das Buch noch gibt. Nun lies das Märchen erneut. Achte darauf, wie die Figuren, Situationen, Orte, Wesen jetzt auf dich wirken. Verstehst du die einstige Wirkung? Wie unterscheidet sich die jetzige Wirkung von der damaligen? Verstehst du den Unterschied?

Nun schaue dein Leben an und gestalte dir eine Zeitleiste. Kannst du in Jahresschritten gehen? Gibt es eine Rhythmik? Wann ist was (Einschulungen, Umzüge, Krankheiten, Abschiede, Begrüßungen, Veränderungen etc.) gewesen?

Lege das Märchen neben dein Leben. Gibt es Überschneidungen? Könnten Geschehnisse in deinem Leben mit Märchenbildern gezeichnet sein? Kannst du Ähnlichkeiten in der emotionalen Wirkung sehen und spüren?

Vergleiche deine Lebensreise mit der Reise der Märchenheldin oder des Märchenhelden: Wo ist dein Leben gerade im Märchen? Wie geht das Märchen weiter? Können dir Märchenbilder eine Orientierung in deine Zukunft geben?

Du kannst auch, wenn du dein Lieblingsmärchen gefunden hast, schauen, zu welcher Situation in deinem Leben das Märchen passt. Du kannst dann sensibel für deine Lebensphasen oder für deine momentane Situation werden.

Du kannst mit Karten (Märchenbilder z. B. von Felix Bonin oder Wortkarten) dein Leben als Märchen aufschreiben oder malen und schauen, wo du gerade stehst und was dir weiterhelfen könnte.

Es ist auch möglich, für wichtige oder einschneidende Lebensabschnitte jeweils das passende Märchen zu finden und dich anhand der Märchenfiguren in deiner Lebenssituation gespiegelt zu sehen.

3.4 Vertiefung: Märchen lüften ihre Bilder

»Es jagte einmal ein König in einem großen Wald und jagte einem Wild so eifrig nach daß ihm niemand von seinen Leuten folgen konnte.« So beginnt das Märchen *Die sechs Schwäne* (KHM 49). Wie jeder Märchenanfang führt uns dieser erste Satz in eine Fülle von Bildern, die das ganze Märchen tragen sollen. Es ist wichtig, diese Bilder in der eigenen Seele ganz persönlich *nachzumalen*:

Wir sehen einen König, vielleicht mit Krone und Königsmantel oder in edelster Jägerskleidung, erhaben und stolz auf einem Pferd. Ist das Pferd braun, weiß, schwarz oder rötlich? Der König ist in einem großen Wald. Es ist nicht irgendein Wald, sondern ein großer Wald. Wie dicht, dunkelgrün, braun und plätschernd, bemoost, belaubt, voller Grunzen, Röhren, Rufen, Trällern, Singen etc. ist der Wald? In diesem großen Wald jagt der König eifrig. Da fehlt jede Vorsicht, jede Zurückhaltung. Da stürmt das Pferd über Stock und Wurzel. Da flattern die Haare, da bricht das Holz. Wir erfahren, dass der König alleine ist. Er scheint furchtlos oder besessen oder unachtsam. Es scheint, als müsste er einem Ruf, einem inneren Drang folgen. Er hat alle anderen Jäger abgehängt. Er ist würdig, König zu sein, so schnell wie er reiten kann. Er ist alleine im großen Wald. Es wird unheimlich. Wir werden neugierig. Nun ist das Eröffnungsbild des Märchens in uns lebendig geworden. Wir haben es *gesehen* und haben unsere eignen, ganz individuellen Gefühle und Assoziationen bekommen.

In dem Moment, in dem sich diese Bilder in uns abbilden und mit Gefühlslebendigkeit bereichern, sind es *unsere* Bilder. Wenn wir unserer Gefühle gewahr werden und uns von diesen ins nächste Bild führen lassen, erleben wir mehr und mehr, wie wir in das Märchen *schlüpfen*. Anfänglich braucht es eine Weile, ein ganz entschiedenes, bewusstes Innehalten und ein geduldiges Warten, bis aus den gelesenen Worten Bilder werden. Mit der Zeit geht dies aber schneller und leichter, sodass wir bald erleben, dass es keine Zeile gibt, die nicht zum Bild, zum Gefühl wird.

Helfend für den nächsten Schritt sind Bücher, in denen die Symbolsprache der Märchenaspekte erläutert wird (siehe Literaturliste im Anhang). Auch Figuren wie Hexen und Räuber werden aus ihren Wertekorsetts geschält und in die Welt der alten Bilder gehoben. Hexen sind so gar keine *bösen Weiber*, die verzaubern und fressen (wie sie in den späteren Ausgaben der Kinder- und Hausmärchen der Brüder Grimm bewertet werden; hier hat die christlich-moralische Pädagogisierung Einzug gehalten, wohl weil sich die Bücher dann besser verkaufen ließen), sondern *Heckenweibchen*, *Hagezussen*, die weise und kräuterkundig helfen und begleiten, wo sie nur können. Sie helfen auf ihre Art; manchmal bis zur Selbstauflösung (siehe *Hänsel und Gretel*, KHM 15).

In ausführlichen Werken zur Symbolsprache werden auch die Tiere erklärt. Da die Geschichte der schamanischen Krafttierbegleitung schon ca. 40.000 Jahre alt ist (siehe Funde, Höhlenzeichnungen, Gravuren in Stein und Grabesbeilagen, nachzulesen u. a. in Büchern von Marija Gimbutas), haben Tiere eine fast mystische Bedeutung in der Welt der Menschen. *»Tiere sind seit eh und je unsere Begleiter. Auch in der Steinzeit waren sie schon unsere Brüder und Schwestern, beseelte Wesen, und es kommt vor, dass ein Tier, ein Tiergeist, mit einem Menschen Freundschaft schließt.«*[29] Die Tiere sind Seelenbegleiter, treue Helfer während der

---

[29]Storl, W.-D., *Schamanentum*, 5. Aufl. 2013, S. 135

Andersweltreise und Begleiter vieler Göttinnen und Götter in den alten Religionen (ägyptische, griechische, nordische und keltische Mythologie). Im englischen Wort *animal* ist *anima*, die *Seele*, noch enthalten. Das deutet auf die Nähe zwischen Tier und Mensch im seelischen Bereich hin.

Auch die Pflanzenwelt birgt viele Symbole. So ist der Baum seit Urzeiten Lebensbaum, Weltenbaum (siehe *Yggdrasil* in der germanischen Mythologie, der *Baum der Erkenntnis* in der christlichen Tradition, der *Baum des Vergessens* bei den Griechen). Er schmückt unser Winterzimmer (Weihnachtsbaum) und trägt die Früchte der Göttinnen (Holunder von Frau Holle, Apfelbaum von Iduna, der Baum der Hesperiden, Wacholder, der Seelenbaum), aber auch Kräuter wie *Rapunzel* (ebenso sogenannte *Unkräuter* wie die Brennnessel) sind symbolisch erhöht worden. Sogar Blumen (Narzisse bei Persephone, Lilie bei dem Erzengel Gabriel und die rote Blume im Märchen *Jorinde und Joringel*, KHM 69, bei Maria die rote Rose) können symbolischen Wert bekommen.

Für die biografische Arbeit mit Märchen ist es aber nicht notwendig, sich mit Büchern, die Symbole erklären, zu beschäftigen. Ein Symbol ist gerade deshalb ein Symbol, weil es auch ohne Bedeutungswissen wirkt. Wir verstehen beispielsweise die Anziehung der Pflanze *Rapunzel* im gleichnamigen Märchen auch ohne zu wissen, dass die sogenannte *Rapunzel-Glockenblume* ein vitaminreiches Wurzelgemüse und besonders beliebt ist, weil die Rosettenblätter auch im Winter, wenn die Lust auf Vitamine groß und wichtig ist, verfügbar und genießbar sind. Jene Lust, die Rapunzels Mutter fast in den Tod treibt, ist eine – im Winter – tatsächlich notwendige Lust, denn Vitamine sind in kalten und fruchtarmen Zeiten lebensnotwendig. Wenn es uns gelingt, bei den einzelnen Bildern des Märchens zu verweilen und ihr in uns entstehendes Abbild zu betrachten, wirken Symbole auch ohne Bedeutungswissen.

3.5 Vertiefung: Märchenbilder werden mit Lebensbildern verknüpft

Während wir die Folge der Märchenbilder an unseren Seelenwänden bestaunen und wirken lassen, verknüpfen sich biografische Stationen mit den Bildern. Dies passiert selbstverständlich, weil Märchen archetypische Bilder unser aller Seelenentwicklungen sind.

Wir alle durchlaufen in unserer Entwicklung Stufen, die jede Märchenfigur auf ihre eigene, besondere Weise durchläuft. Ein Märchen springt und spricht uns deshalb an, weil wir fühlen und spüren (viel schneller als zu wissen), dass das Märchen etwas mit uns zu tun hat. Es ist unserer Art und Weise, Entwicklungsschritte zu gehen, ähnlich.

Hilfreich ist, sich beispielsweise im Zusammenhang mit Rapunzels Mutter die Frage zu stellen: *Wann hatte ich welchen großen Hunger, dass er mich nachts nicht schlafen ließ und ich drohte zu sterben?* Hierbei ist nicht nur der leibliche Hunger gemeint. Wir spüren oft seelischen, emotionalen oder geistigen Hunger, den uns nahe stehende Menschen nicht stillen können.

Bei *Hänsel und Gretel* dürfen wir uns fragen: *Welche Botschaft durfte ich vernehmen, die mich zur Veränderung, zur Handlung führte?* Eine Weitung des Märchenbildes im Sinne der Bedeutungsgröße hilft, sich selbst im Bilde erkennen zu können (auch wenn wir nicht am Waldesrand wohnen und keinen Holzhacker als Vater haben).

Es wohnt den Märchen inne, dass ihre Bilderfolge zwingend ist. Da gibt es kein Hinterfragen, Abwägen, Entscheiden, sondern nur ein dem Lauf der Dinge Folgen. Es gibt keine Wertung, Schuld oder Rache. Die Dinge gehen ihren zauberhaften Gang. Genauso wie unser Leben einen Schicksalslauf hat, auch wenn (oder gerade weil) wir meinen, aus freier Entscheidung diesen oder jenen Weg gewählt zu haben. Im Nachhinein, in der märchenhaften Rückschau ist jeder Schritt eine wichtige Etappe im Fluss unseres einmaligen Lebenslaufs. Während wir die Märchenbilder in unsere Seele versinkend betrachten und die Verknüpfung mit unseren Lebensbildern erleben, tut es gut, mal mehr im Märchenbild, mal mehr im eigenen Lebensbild zu verweilen.

Genauso wie die Märchenbilder aus der Wortwelt in die Welt der Seelenbilder gehoben werden, entstehen unsere Lebensbilder aus dem See der Erinnerungen in unserem emotionalen Jetzt-Erleben. *»Interessant ist, dass das Wort Seele aus dem Germanischen von ›See‹ kommt. Der See oder die See befindet sich zwischen der festen Erde und dem Himmel.«*[30] Manchmal braucht das Märchenbild ein noch tieferes Eintauchen in die Worte, um zu entstehen. Hierbei sind die sogenannten *Sinnesfragen* (Wie riecht es hier? Was höre ich? Wie fühlen sich der Boden, die Wände, der Wind, der Regen, das Dickicht an? Schmecke ich etwas? Wie sehen Kleidung, Schuhe, Haare etc. aus?) unterstützend. Manchmal braucht das eigene Lebensbild eine Erinnerungshilfe (Wo war ich? Wie sah ich aus? Wer war mit mir? Welche Situation hat zu diesem Moment geführt? Was habe ich gefühlt, gespürt, gesehen, gehört, gerochen?)
Diese Erinnerungen zu malen, Fotos anzuschauen, Symbole selbst zu finden trägt dazu bei, die Vertiefung zu gestalten und damit zu intensivieren. Wenn sich die Märchenbilder mit den Lebensbildern verknüpft haben, passiert Trost. Denn damals, als wir nach einer schweren Situation zitternd und bebend alleine versteckt saßen und bangten, ob die Belastung noch weitergehen wird, waren wir nicht allein. Dort, im Uhrenkasten des Märchens *Der Wolf und die sieben Geißlein*, bangte ein kleines Geißlein mit uns. Ein weiteres Trostmoment ist der Ausgang: *»Und wenn sie nicht gestorben sind, dann leben sie noch heute.«* Alle Figuren im Märchen haben einen Sinn im großen Lebensplan und erfüllen diesen. Niemand fällt aus dem Sinnbett heraus.
So ist es auch im Leben: Was auch immer uns passiert, es ist im großen Sinnbild unseres Lebens aufgehoben und birgt Früchte der Erkenntnis und der Reifung. Wir wissen alle, wie schwer es ist, diesen Trost zu sehen. Wir kennen die Verzweiflung, wenn sich kein Sinn zeigen will. Das Märchen hilft uns aber, ihn zu sehen. Es gibt nichts, was nicht in den Sinnplan des Lebens gehört.

---

[30]Storl, W.-D., *Schamanentum*, 5. Aufl. 2013, S. 125

3.6 Vertiefung: Schritte des Märchens sind Schritte des Lebens

Das beratende Arbeiten mit Märchen erhält eine große Orientierungshilfe durch den geordneten Aufbau eines jeden Märchens, der sich in der Ordnung des Lebens wiederfinden lässt. Wir alle sind aufgehoben in Veränderungen und Bewegungen. Es gibt kein Leben, das Abschied, Neubeginn, Trauer und Lachen, Einsamkeit und Bezogenheit nicht kennt. Jede Klientin fühlt sich trotz ihrer Verwirrung, Ohnmacht, Traurigkeit, Unsicherheit, Angst und Wut in Begleitung, wenn sie in *ihrem* Märchen Allerleirauh, Aschenputtel, Schneewittchen oder Rapunzel erspürt und sich Seite an Seite mit ihr fühlt und erlebt. Plötzlich bekommt ihr Schmerz ein Bild, plötzlich sieht sie sich im Bild und kann begleitet und begleitend die Märchenfigur wahrnehmen. Schon das Erleben, dass das in sich gefundene Märchen und die eigene Biografie auch ohne Wissen schon so viele Jahre miteinander verknüpft sind, beruhigt und berührt sehr. Da ist ein *Du*, das mich versteht. Wir schwingen in den gleichen Schicksalsbildern und verstehen uns, wort-, zeit- und raumlos.

Das *Du* im Märchen ist immer schon vorausgegangen. Es hat sein gutes Ende bereits erreicht und es ermutigt uns, das Leben weiterzugehen, denn auch auf uns warten Sinn, Reifung, Erfüllung und ein gutes Ende.

3.7 Die Schritte im Märchen und im Leben:

3.7.1 Der Ursprung

Manchmal noch vor dem Beginn des Märchens ist die Liebe da. Sie ist es, in der alles seinen Anfang nimmt. Irgendwo (bisweilen nicht dort, wo zwei Menschen umschlungen sind) gab es den Liebesfunken, der die Sehnsucht nach Leben lockt und ins Werden zieht.

Im Märchen *Brüderchen und Schwesterchen* (KHM 11) liegen Liebeszeiten vor dem Märchen. Sie gehören ferner Erinnerung an. *»Seit die Mutter tot ist, haben wir keine gute Stunde mehr ...«* Sie können aber nur deshalb erinnert, erträumt, erahnt oder ersehnt werden, weil sie irgendwann einmal, vielleicht nur für Augenblicke, erlebt waren.

So ist es auch im Leben. Manchmal war es seit Anbeginn schwer, lieblos, unerfreulich, gewaltvoll oder verwahrlosend und doch gibt es den Funken der Ahnung: Es könnte besser sein. Es gibt ein Sehnen nach Glück, Liebe, Lebenssonnenschein. Dann ist es, als könnte man sich an die Liebe zwischen Mutter Erde und Vater Himmel, zwischen Materie und Geist, zwischen Yin und Yang erinnern und daraus Hoffnung ziehen.

Andere Märchen retten im ersten Satz die Liebe. *»Es war einmal ein König und eine Königin, die lebten in Frieden mit einander und hatten zwölf Kinder, das waren aber lauter Buben ...«* (*Die zwölf Brüder*, KHM 9). Hätte dieser Märchenbeginn nicht das kleine Wörtchen *aber*, so wäre es ein rundherum satter, voller Anfang in Liebe, Frieden, Reichtum und Glück.

Nicht nur vor oder in dem Märchen ist der Ursprung als Liebessprung wichtig. Auch in der Biografiearbeit ist der Beginn immer in Liebe. Manchmal ist er in der Welt, manchmal in Sphären der Seelen oder Geisterreichen. Es ist, als wäre die Liebe als Fundament des oft stürmischen, dunkeln, traurigen und schmerzvollen Lebens unumgänglich. Das Leben lässt sich ohne Liebe nicht leben.

3.7.2 Die Veränderung

Aus diesem Liebesursprung fällt das Leben früher oder später heraus. Die Dynamik des Werdens, der Veränderung, des Abschieds und Neubeginns fängt an. Mit ihr beginnen Entwicklung, Reifung und Wachstum. Wir gehen den Lebensweg. Jedes Losgehen hat den Abschied in sich. Jeder Schritt lässt zurück, wagt sich ins Ungewisse, löst sich, riskiert, entfernt einen Fuß von der Erde. Das Leben wird wackelig, unsicher. Wir gehen, denn das Leben lässt sich nur *ergehen*. Wir sind umgeben von Abschieden und Neuanfängen. Das Jahr, die Jahreszeiten, Blüten, Früchte, Dunkelheit, Licht, Einatmen, Ausatmen – all das kommt und geht und kommt wieder. Jeder Tag verabschiedet sich in die Nacht, um aus der Dunkelheit neu zu erwachen.

Wie Tag und Nacht ein Tag ist, so ist Leben und Tod das Leben. Da fällt nichts heraus, da ist nichts schlechter oder besser, da geht das Leben seinen Weg. Ein Gedanke verabschiedet den nächsten, ein Gefühl fliegt weiter, um dem nächsten das Herz zu überlassen, ein Augenblinzeln ermöglicht einen neuen, noch nie da gewesenen Blick auf die Dinge.

Im Märchen gehen die Heldinnen und Helden los. Hänsel und Gretel (KHM 15) laufen in den Wald, Hans im Glück (KHM 83) macht sich auf den Weg nach Hause, der Fischer (KHM 19) geht zum Meer, viele Prinzen reiten in den Wald, Mädchen verirren sich im Wald, Prinzessinnen reiten, rennen, fliehen, suchen auf ihrem Weg. Sie alle machen sich auf den Weg in ihr Märchen, so wie wir uns auf den Weg machen, den wir *Leben* nennen.

3.7.3 Die helfenden Kräfte

Da wir alle im Leben aufgehoben und getragen sind, stehen uns allen ständig helfende Kräfte zur Seite. Unser Problem ist nicht, keine Hilfe zu haben, sondern vielmehr, diese nicht zu erkennen.

Diese Unachtsamkeit hat viele Gründe. Ein häufig vorkommender Grund ist unsere Vorstellung von Hilfe: Wir haben ein ganz klares Bild davon, welche Hilfe wir wann, wie und von wem benötigen, und sind nicht offen für die weise und voller Liebe gewählte Hilfe des Lebens. Ein anderer Grund ist unsere schnelle Zeit, die oft nicht das Tempo des Lebens hat. Wir hasten an der Hilfe vorbei. Wie viele Vögel singen im Frühling ihre Lieder, die die Seelen stärken können, und wir hören sie nicht, weil wir keine halbe Stunde im Freien waren? Wie viele kleine Blütenköpfchen haben sich mühselig durch Beton und Asphalt gearbeitet, um uns zu erfreuen, und wir treten darauf oder sehen sie nicht? Wie viele Bücher fallen aus Regalen, Songs erklingen im Radio oder Bilder geben uns von Plakatwänden Impulse und wir nehmen es nicht wahr? All das und noch viel mehr sind Helferkräfte. Gedanken, Impulse, Einfälle oder gar sogenannte *Zufälle* können helfende Qualitäten haben. Sehr schnell passiert es uns, dass wir sie nicht erkennen.

Märchen, die dieses Versäumnis bebildern, sind oft die *Dummling-Märchen*. Im Märchen *Die weiße Taube* (Urfassung, 64 I) wachen zwei Königssöhne nacheinander unter einem Birnenbaum. Alljährlich werden die reifen Birnen gepflückt und der König möchte den Dieb entlarven. Leider verschlafen beide Jünglinge die entscheidende Nacht. Erst der dritte, der verlachte Dummling entdeckt mitten in der Nacht die weiße Taube, die die Birnen eine nach der anderen pflückt und mit ihnen fort fliegt. Nun weiß er als einziger Sohn, wer der Dieb ist. Aber nicht genug: Er folgt in der Nacht der weißen Taube und bleibt ratlos am Fuße eines hohen Berges zurück, in den sie verschwunden ist. »*Der Dummling sah sich um, da stand ein kleines graues Männchen neben ihm, zu dem sprach er: ›Gott segne dich‹*«, heißt es im Märchen. So aufmerksam müssen wir manchmal schauen, so klein, grau und fast unsichtbar wartet manchmal die Hilfe und doch gibt es Gesten, Worte, um das Glück einzuladen. Das Vertrauen, dass in jeder Not Hilfe gereicht wird, öffnet unsere Herzen und Sinne für die Achtsamkeit, die Helferkräfte wahrzunehmen. Es ist wie in dem Gedicht *Zahme Xenien II* von J. W. von Goethe – »*Wär nicht das Auge sonnenhaft, die Sonne könnt es nie erblicken. / Läg nicht in uns des Gottes eigne Kraft, wie könnt uns Göttliches entzücken?*« –, dass die Offenheit und das Vertrauen die Hilfe erst möglich macht. Umgekehrt gibt uns diese Sensibilität auch den Auftrag, Hilfe zu geben. So wecken wir sowohl die Helferbereitschaft als auch die Bereitschaft, Hilfe zu geben. Dieses Wechselspiel zwischen Geben und Nehmen, die Balance in der Hilfe-Geste wird im Märchen *Die weiße Schlange* (KHM 17) deutlich. Selbstlos hilft der junge Diener Fischen, Ameisen und Raben und erhält in seiner großen Not von eben diesen Hilfe. Wenn wir in unser Leben schauen, unseren Rückblick wagen und in Zeiten der Not,

Ausweglosigkeit und Unsicherheit hängen bleiben, so können wir vielleicht jetzt, Zeiten später, die Helferkräfte erkennen und sie als solche würdigen. Denn gerade bei den unzähligen Gesten der Hilfe, die das Leben uns beschert, sind Dank und Würdigung angemessen.

3.7.4 Die Häutung

Die Helferkräfte laden uns zur Tat ein. Sie geben uns Mut, alte Gewohnheiten, Sicherheiten, Glaubenssätze oder Abhängigkeiten abzulegen und uns in das Neue zu wagen. Im Märchen *Die weiße Taube* erklimmt der Dummling einen Berg, um dann in diesen hinabzusteigen. Es ist dunkel, gefährlich, steil und einsam. Und doch geht er. Die Kraft der helfenden Worte genügt, um den Dummling zur Handlung zu ermutigen. Die Häutung ist das Einverständnis, dass eine Veränderung passieren muss.
Da wir Menschen sind, ahnen wir, dass wir diesen Wandel vollziehen müssen. In uns muss die Häutung passieren dürfen. Es häuten sich alte Welt- und Selbstbilder. Wir legen unseren Schutz, manchmal unsere Gewohnheiten oder Komfortzonen ab und begeben uns (vorübergehend) in die ungeschützte Dünnhäutigkeit. Es sind jene Phasen im Leben, in denen wir uns gerne zurückziehen, für und mit uns selbst sind.
Im Märchen sind die Heldinnen und Helden oft alleine im Wald (KHM 11, 21, 65 ...). Sie lachen nicht und sprechen nicht (*Die sechs Schwäne*, KHM 49) und vollziehen meditative Arbeiten. Die Kraft und den Mut für die Häutung ziehen sowohl Märchenfiguren als auch wir Menschen aus dem Gewahrwerden der Helferkräfte. Wenn wir die Achtsamkeit hatten, unsere Helfer zu erkennen und ihnen zu gestatten, uns zu helfen, dann haben wir dadurch die innere Stärke erhalten, eine Häutung zu vollziehen. Ob dies eine Häutung in unseren Gedankenmustern, Gefühlsreflexen oder Wahrnehmungsstrukturen ist oder ob es eine Häutung in eine Tat ist (z. B. Umzug, Trennung, berufliche Veränderung, Reise), ist je nach Lebenssituation verschieden.

3.7.5 Der innere Frieden

Nach der Häutung suchen wir den Frieden. Der innere und äußere Wandel ist vollzogen und wir sind in eine andere Situation eingerichtet, heimisch geworden. Jetzt heißt es, uns selbst zu verstehen. Es gilt, uns mit all unseren inneren Haltungen und dem Schmerz, den sie in uns und/oder in anderen ausgelöst haben, anzuerkennen. Als wir *eingepanzert* waren, im Kokon der Prinzipien, Moralvorstellungen, Tabus und Ich-Bildern gehaust haben, konnten wir nicht anders, als zu tun, was wir getan haben. Jetzt, in Freiheit und Veränderung, wissen wir es besser. Jetzt können wir sehen, was wir einst *angerichtet* haben.

In diesem Gewahrwerden suchen wir den Frieden. Wir schließen nach Jahren Frieden mit unserer inneren Begrenzung, mit dem Schmerz, den Verletzungen und dem Leid, die nun zurückliegen. Die Vergebung wendet sich an uns selbst, die wir nicht anders konnten, und an andere, die ihrerseits in ihrem Kerker eingesperrt waren. »*Vergeben heißt nicht gutheißen*«, lautet ein Satz, den ich vor vielen Jahren einmal las und der mich befreite von dem Zwang, annehmen zu müssen, mich in Bedingungen anderer einrichten zu müssen, zu gestatten, dass mir weh getan wird. Seit ich lernen durfte, diese Passivität und Ohnmacht zu verlassen, spüre ich auch Märchenfiguren in dieser Entwicklung. Sehr deutlich zeigt dies Gretel (KHM 15) in Worten und Taten: »*Aber Gretel merkte was sie (die Hexe) im Sinn hatte und sprach: ›Ich weiß nicht, wie ich's machen soll, wie komme ich da hinein?‹, (Die Hexe) krabbelte heran und steckte den Kopf in den Backofen. Da gab ihr Gretel einen Stoß, dass sie weit hinein fuhr, machte die eiserne Tür zu und schob den Riegel vor.*« Befriedung heißt, eine Balance zwischen dem, was auf uns zukommt, und unserer eigenen inneren Bewegung dazu, herzustellen. Manchmal gestaltet sich die Befriedung als Annehmen, dann wieder als Loslassen, als Vergebung oder als Grenzensetzen, als Lächeln oder als Weinen. In unserem Herzen fühlen wir sie aber immer als Ruhe und Einklang. Es ist besser, im Frieden mit uns selbst zu trauern als im verbogenen Kompromiss zu lächeln. Den Schmerz eines Abschiedes (und jede Veränderung ist ein Abschied) zu spüren und dabei zu wissen, dass wir uns selbst treu geblieben sind, birgt Trost. Wir wissen in uns Kraft und Ehrlichkeit, die stärker sind als Angst und Unsicherheit.

3.7.6 Mut zur Verantwortung

Wir haben so viel Scheu, unser Leben in Eigenverantwortung zu sehen. Der Sog des Opferbildes und der Schuldzuweisung nach außen ist so groß, dass ein ganz behutsames und tastendes Arbeiten hin zu diesem Mut erforderlich ist. Es scheint, als würde unsere ganze (auch kulturelle) Erziehung darauf hinauslaufen, dass wir eine Verbindung zu einem anderen Menschen fast ausschließlich durch die Opfer-Täter-Brille bzw. in Schuldzuweisungen und Zweckgedanken sehen können. Wir verwechseln oft Liebe mit Aufopferung, Duldung mit Hingabe, Kontrolle mit Achtsamkeit und Forderung mit Bitte. Wir sind dann sehr orientierungslos und mit Angst vor Einsamkeit belastet, wenn wir unsere Verbindungen zu anderen Menschen entschulden und in die selbstverantwortliche Freiheit entlassen. Es ist, als gäbe es ohne das Opfer-Täter-Band keinen Grund für die Verbindung. Plötzlich wird Liebe eine uns sehr fremde Beziehungshaltung.
Auch in Märchen ist dieser Schritt so schwer. Allerleirauh, die Gänsemagd, Pechmarie und andere winden sich und erleiden diesen Weg in den Mut. Mit den Märchenfiguren dürfen wir die vielen Schritte in Geduld und Zuversicht gehen. So sind wir durch die Märchenfiguren für unseren eigenen Weg gestärkt und können uns in Ruhe diesen neuen Erfahrungen hingeben.
In der Selbstverantwortung wird der umfassende Ausblick möglich. Hier verlassen wir das enge Gebundensein an die oft schwere Situation. Wir beginnen, einen Sinnzusammenhang im Ganzen unseres Lebens zu sehen. Wir erkennen, dass wir Menschen, Situationen, Begegnungen und Abschiede erfahren haben, um an ihnen zu wachsen, uns zu entwickeln, zu reifen. Wir sind bereit, unser großes Sinnthema, den Grund unserer Lebenswahl zu erkennen.

3.7.7 Dank

Die letzte Etappe der Märchen- und Lebensschritte ist der Dank. Im Märchen ist das oft mit »*Und wenn sie nicht gestorben sind, dann leben sie noch heute*« ausgedrückt. Manchmal tanzen die Märchenfiguren in dem feierlichen Dank (*Der Wolf und die 7 jungen Geißlein*, KHM 5) oder beginnen ein glückliches Leben als Königspaar im Schloss (*Aschenputtel*, KHM 21). Der Dank und die Feier sind auch in unserem Leben eine wichtige Geste, denn sie würdigt jede Erfahrung (auch die schmerzhaften und traurigen) als wichtige Erfahrung, an der wir lernen und uns, die Liebe und das Leben deutlicher sehen können. Wir verneigen uns mit dem Dank vor unserem Lebensweg, vor unseren Themen und unserem inneren Wachsen als Grund, dieses Erdenleben zu führen. Wir zeigen uns selbst, dass wir in der Lage sind, uns an Dornen zu stechen, weil wir die Rosenblüte ahnen.

In diesem letzten Schritt erhalten wir das Geschenk der Nähe, der Verbundenheit und der Liebe, manchmal zu einem Menschen, dann wieder zur Natur, aber sicherlich immer zu uns selbst. Es ist das größte Geschenk, das wir erhalten können: Die Treue zu uns selbst.

3.8 Vertiefung: Lebens- und Märchenläufe sind Wege in die Eigenverantwortung

Nun machen wir, liebe Leserin und lieber Leser, uns auf den Weg durch das Märchen und durch das Leben. Da ich diesen Weg schon mit so vielen Menschen in Gruppen gegangen bin und wir bei Rast und Ausblick vertraulich wurden, habe ich diesen Abschnitt mit den Anreden Du/Ihr oder Wir geschrieben.

Wir gehen den Weg, wie ihn schon so viele Märchenfiguren gegangen sind und wie wir Menschen ihn gehen. Unser Leben ist immer ein Lebensweg und wenn wir nun mit den Märchen diesen unseren Weg verknüpfen, dann schauen wir bewusst zurück, versuchen klar zu sehen, wo wir gerade stehen, und blicken voller Vertrauen, Zuversicht und Gestaltungskraft nach vorne.

Warum aber bewusst schauen, wenn das Leben ohnehin seinen Lauf nimmt? Diese Frage umweht häufig die ersten Sitzungen. Sie drückt unser Unbehagen mit der Bewusstmachung aus, wohl weil wir ahnen, dass die Eigenverantwortung hinter jeder Erkenntnis lauert. Wenn wir nicht gewohnt sind, mit Mitgefühl mit uns selbst, mit andern und mit jeder Märchenfigur auf die einzelnen Etappen unseres Weges zurückzuschauen, dann bleiben uns als Wärmequelle und Selbstnähe nur Ohnmacht, Hilflosigkeit, das erbarmungslose Schicksal oder die Betrügereien und Falschheiten anderer Menschen. Wenn wir bewusst schauen, fallen diese Wärmequellen weg und es droht zuerst Erkaltung. So ist der Anfang der bewussten Schau die Stabilisierung des empathischen, liebenden inneren Begleiters, der sich verständnisvoll all den Geschichten unseres Lebens widmet. Wir können nur dann die Verantwortung für unser Leben, für all die Freuden und Leiden, die wir spürten und erlebten übernehmen, wenn wir mit wohlwollenden, verständnisvollen und liebenden Augen auf uns selbst blicken. Da haben Vorwurf (auch Selbstvorwurf), Anklage, Schuldzuweisung und Bewertungen keinen Platz.

Viele Menschen sind innerlich schon ganz gekrümmt, weil sie in sich einen strengen, mächtigen inneren Kritiker thronen lassen, der zu allem und in jeder Situation das lauteste und letzte Wort hat. So ist es wichtig, die inneren Anteile zu ordnen und das gütige, weise Selbst als Königin oder König im inneren Gesprächsreigen zu etablieren.

3.9 Übung: Ordnung der inneren Anteile herstellen

Für diese Übung ist es hilfreich, quadratische Blätter (Zettelkasten) und Stifte (Buntstifte, Wachskreiden oder Wasserfarben) bereitzuhalten.

Um einen Einblick in mögliche innere Anteile zu geben, ist es erleichternd, Anteile anzubieten. (Je nach Geschlecht des Klienten werden sie *weiblich* oder *männlich genannt*. Es kommt aber vor, dass Frauen männliche Anteile in sich tragen und Männer weibliche. Dies lässt sich im Gespräch klären.) Z. B. *Meckerer, Besserwisser, zartes Pflänzchen, Angsthase, Trauerkloß, Schwarzmaler, Schmerzensreiche, alte Weise, Kämpfer, Rechthaber* oder *Mahner, Künstler* etc. Wir schreiben die Anteile jeweils auf einen Zettel. Vielleicht möchten wir diesen farbig kolorieren oder in unterschiedlichen passenden Farben schreiben.

Wenn wir unsere eigenen Anteile in uns erspürt haben, ist eine Erinnerung an eine Situation, in der eben dieser Anteil stark hervorgetreten war, hilfreich. Diese Situation wird wie in Zeitlupe abgespult, wobei Worte, Geräusche, Bilder und Geschehnisse genau erinnert werden. Besonders in unseren Worten und Taten, aber auch in unserer (meist konditionierten) Weise des Hörens und Verstehens melden sich unsere inneren Anteile und wir können sie etablieren. Die gefundenen Anteile werden dann gewichtet: *Wer hat in dir wie viel Rede- bzw. Entscheidungsanteil? Wer hat das letzte Wort?*

Nun legen wir alle Anteile in einen großen Kreis. Dies ist in unserer Fantasie vielleicht ein Tisch, eine Feuerstelle, ein Altar oder eine Waldlichtung.

3.10 Übung: Fantasiereise zur Begegnung mit dem Inneren Selbst erleben

Du bist in einer bequemen Körperhaltung. Du sitzt oder liegst angenehm und warm. Spüre, wie dein Körper von Mutter Erde getragen wird. Du kannst ihr dein ganzes Gewicht überlassen. Fühle und spüre, welche Körperteile auf Mutter Erde aufliegen. Gebe sie noch vertrauensvoller und überlassender Mutter Erde hin.

Nun spüre deinen Atem. Begleite ihn durch die Nase in die Luftröhre zu den Bronchien und Lungenflügeln hin. Erlebe, wie dein Rumpf sich weitet, wenn du einatmest, und wieder zusammenzieht, wenn du ausatmest. Beobachte deinen Atem ohne ihn zu manipulieren.

Beobachte ebenso deine Gedanken. Sie kommen und wollen sich festkrallen, dich einlullen. Du darfst sie ziehen lassen wie Wolken am Himmel. Jetzt muss nichts gedacht oder entschieden werden. Alle Themen werden später auch noch da sein. Du nimmst deine Gedanken wahr, grüßt sie und verabschiedest sie.

Nun stell dir vor, du gehst einen Weg entlang. Es ist ein Weg in der Natur. Es ist ein Weg, den du gerne gehst. Du gehst alleine. Du bist ruhig, entspannt, friedlich. Du gehst. Vielleicht ist der Weg am Wasser, im Wald oder Gebirge. Du gehst und nimmst alle Geräusche, Gerüche und Bilder wahr. Du fühlst und spürst, wie deine Füße den Boden berühren, wie du die Luft ein- und ausatmest. Du hörst Tiere, Wind, Blätter rauschen, du siehst Farben. Du gehst. Vor dir ist ein Tor. Es ist vielleicht ein Pflanzentor oder ein Tor aus Holz oder Eisen. Das Tor ist für dich geöffnet. Du trittst hindurch und bist in einem Garten. Es ist ein wunderschöner Garten. Du siehst die Blumen und Bäume, die du liebst. Es ist Wasser zu hören, Vögel zwitschern, Duft von den schönsten Blüten betört dich. Du siehst einen Pfad. Du gehst ihn entlang. Jetzt kommst du an eine Lichtung. Dort wirst du begrüßt. Du bist erwartet. Es ist eine so große Freude, dass du da bist! Die Begrüßung ist warm und herzlich. Du freust dich. Du fühlst dich gesehen, erkannt, angenommen und geliebt. Du wirst eingeladen. Am Feuer oder am Tisch, am Herd, auf Holzstümpfen oder im Sand darfst du Platz nehmen. Es ist sehr feierlich, dass du da bist. Schaue dir dein Gegenüber genau an. Schaue gut und tief und lange. Du hörst dein Gegenüber sprechen: »*Es ist gut, dass du den Weg zu mir gefunden hast. Ich kenne dich sehr gut. Ich begleite dich schon lange. Ich bin seit der Zeit vor diesem Leben bei dir und begleite dich bis weit, weit danach. Ich liebe dich. Ich kenne deinen Reifungsweg, ich weiß deine Lebensaufgabe, ich sehe deine Lernschritte. Ich bin mit all meiner Liebe bei dir. Ich bin in dir. Ich bin dein Selbst.*« Du hörst die Worte. Sie fließen tief in dich. Du fühlst dich geborgen. Du dankst. Du weißt, dass du dich immer auf diese Kraft besinnen kannst. Du verabschiedest dich und gehst durch das Tor zurück.

Du fühlst deinen Atem. Dein Körper liegt im Schoß von Mutter Erde. Du streckst dich und öffnest deine Augen.

Jede und jeder von uns hat dieses Selbst. In jedem von uns ist eine kluge, liebende, das Leben weit überblickende und verstehende Kraft, die uns immer zur Seite steht. Wir lernen miteinander oder für uns alleine, dass dieses Selbst jedes innere Gespräch führt und leitet.
Das Selbst eröffnet die Gesprächsrunde, in der alle Anteile anwesend sind. Es beendet dieses Gespräch auch wieder. Das Selbst achtet darauf, dass alle Anteile zu Wort kommen, gehört werden und es bedankt sich nach jedem Beitrag für den Impuls. Das Selbst entscheidet. Wenn das *Gesprächsrad* (in der Mitte ist das Selbst, im Außenkreis sind die Anteile angeordnet) gelegt ist, erhalten jeder Anteil und das Selbst ein Symbol. Vielleicht sind Farbkarten gemalt, Edelsteine gewählt, kleine Figuren gefunden oder Naturdinge wie Zapfen, Nüsse, Steine, Blätter.
Dieses *Gesprächsrad* sollte einen Platz in der Wohnung haben, auf dem es einige Tage liegen kann. Da wir täglich mehrere Hundert innere Gespräche haben, solltest du täglich ein Gespräch auswählen (vielleicht das, bei dem es dir noch schwergefallen ist, dem Selbst die Mitte zu überlassen) und das Gespräch bewusst durchführen. So lässt du tatsächlich jeden Anteil sprechen. Du lauschst (in dir) der Stimme, den Worten und nimmst bewusst die Haltung dieses Anteils auf. Schließlich hat jeder Anteil nur das Bestreben, dich zu schützen und zu warnen. So wirst du dir deines inneren Dialoges bewusst und du erlebst die Kraft des Selbst.
Dem Resümee des Selbst lauschst du genau, denn das ist das Fazit aus allen Beiträgen. So lernen wir langsam, Abend für Abend, uns mit all unseren Anteilen anzunehmen, sie aufmerksam zuzulassen und dankbar für alle Anteile zu sein. Sie sind Teile unserer Lebendigkeit, nicht mehr und nicht weniger. Wenn auf diese Weise im Inneren eine stabile Ordnung hergestellt ist, können wir uns dem Weg ins Märchen, in unser Leben mit der Bereitschaft, alles anzunehmen, hingeben.

3.11 Übung: Kontakt mit den Märchenfiguren aufbauen

Wir haben nun *unser* Märchen gespürt, erinnert, geträumt, gefunden oder als Karte gezogen. Dann haben wir unser inneres Selbst im Reigen der inneren Anteile etabliert. Jetzt ist es an der Zeit, abwechselnd ins Märchen und in unser Leben einzutauchen. Hierbei ist sowohl das Verweilen an den Bildern des eigenen Lebens – das Erinnern mit den Frageimpulsen – eine Hilfe als auch das innere Malen der oft kargen Märchenbeschreibung.

Wir richten uns ein. Wir ziehen sozusagen in den Moment der Lebensvergangenheit und ins Bild des Märchens ein. Es ist sehr wichtig, dass wir in beide Situationen, in die eigene Lebenssituation und in den Märchenmoment, atmen, spüren, fühlen. Wir bewegen uns in den Bildern, stellen Fragen und orientieren uns. Gerüche steigen uns in die Nase, wir hören es rascheln oder zwitschern, wir sehen Farben des Waldes oder eine Schlosseinrichtung, wir sind noch einmal in der Wohnung unserer Kindheit oder Jugend, fühlen das wichtige Kuscheltier in unserem Arm und spüren.

Aus diesem Erleben heraus verbinden sich eine oder mehrere Märchenfiguren, vielleicht auch ein Tier oder ein Elementarwesen mit uns. Manchmal können wir das Wesen aus der Märchenwelt sehen, spüren oder fühlen. Manchmal weht uns ein Gefühl von Trost, Begleitung oder Stärkung an. Wir beginnen ein Gespräch. *»Was zeigst du mir? Was lerne ich von dir? Was gibst du mir?«* Wir stellen die Fragen langsam und ruhig. Sie bekommen Pausen, Stille, Zeit. Sie werden eine Antwort erhalten. Vielleicht hören wir die Antwort oder fühlen, ahnen sie. Es wird sich eine Antwort zeigen. Wir bedanken uns.

3.12 Übung: Märchen als innere Seelenbilder erkennen

Wenn sich unsere Märchenfigur auf ihren Weg macht, begleiten wir sie. Lass dich einladen, mit ihr in den Wald, über Felder und Wiesen zu gehen, in Höhlen zu kriechen oder auf Bäume zu klettern. Durchlaufe neugierig mit ihr die Räume eines Schlosses oder steige mit ihr die enge dunkle Treppe eines Turmes empor. Wenn du willst, gehe in die Natur, in einen Wald oder Park deiner Wahl und suche dir einen Baum, vor dem du innehältst und dir vorstellst, du würdest ihn erklettern. Was siehst du? Wohin geht dein Blick? Fühlst du, wie dein Körper balanciert, sich tastend vorwärts hebt? Hält der Ast? Kratzt ein Zweig? Sehe ich in die Ferne oder sehe ich das Blätterwerk des Baumes? Welchem Ast übergebe ich mein Gewicht? Einst haben wir in Höhlen gewohnt. Das war viel länger unser Zuhause als die Häuser, die wir jetzt beziehen. Das Höhlenleben sitzt uns sozusagen noch in den Zellen. Im Mutterbauch wuchsen wir in einer Höhle heran. Kinder lieben es, sich Höhlen zu bauen. Manchmal verkriechen wir uns in unsere unsichtbare Höhle und bleiben alleine. Die Höhle ist ein heiliger Ort, ein Ort der Regeneration, der Transformation, der Häutung und der Reifung. Die Bärin verlässt im Frühling mit ihren Jungen die Höhle. Brigit, die Frühlingserscheinung der Göttin, tritt aus einer Höhle in die Natur. Dort, wo ihr weißes Kleid den Baumstamm streift, beginnt der Wasserfluss. Das Weiß ihres Kleides bleibt gerne am Stamm kleben. Es ist die Birke, der Baum der Birgit, die sie grüßt. Dort, wo ihr zarter Fuß die Erde berührt, beginnen die Blüten zu sprießen.

Wir begleiten unsere Märchenfigur. Und wenn sie angekommen ist, wenn sie (wie im Märchen *Die sechs Schwäne* (KHM 49) Jahre im Baum verbringt, schweigend und ohne Lachen Sternenblumen (Brennnesseln) flicht oder in einer kleinen Hütte einsam ihre Zeit lebt, dann können wir ihr schreiben. Wir schreiben ihr einen Brief aus unserer Einkehrzeit in ihre. Wir schreiben ihr, weil wir in ihr uns selbst fühlen. Wir verstehen sie. Wir verstehen uns selbst. Wir sind in Zeiten der Einsamkeit verbunden.

Manchmal bleiben wir an einem Bild besonders hängen. Vielleicht ist es das Tor, an dem der Pferdekopf hängt (*Die Gänsemagd*, KHM 89) oder

der Baum, von dem aus das weiße Vöglein Hänsel und Gretel begrüßt (*Hänsel und Gretel*, KHM 15) oder der Teich der armen Verlassenen (*Die Nixe im Teich*, KHM 181) oder, oder ... Welches Bild auch immer dich stärker hält, deutlicher in dir auftaucht, verweilen möchte: Male es. Suche die Farben (Welche Farbstifte? Welche Farbtöne? Welcher Malgrund?) und male die Szene. Male sie schnell, verweilend, mit geschlossenen Augen, mit ungewohnter Hand, mit den Fingern oder einem Stöckchen. Male. Male nur Farben, die Stimmung, das Licht, die Bewegung, geometrische Figuren, Striche, Kleckse, Tupfer ... Male. Tauche in das Bild ein, schaue das Bild an und finde das Märchenbild in deinem Leben. Du wirst es finden. Ganz sicher.

3.13 Übung: Allüberall sind Helferkräfte

In Märchengruppen hat jede/r Teilnehmer/in irgendwann das eigene Märchen gefunden. Wir sind bis dahin schon viele Schritte gegangen: Wir haben gelernt, in das Märchen einzutauchen, haben unsere Lebensschritte (Sieben-Jahres-Rhythmus) geordnet und die Etappen jedes Märchens kennengelernt. Wir haben gemalt, geschrieben. Nun ist es an der Zeit, die Helferkräfte zu finden. Diese Aufgabe fällt vielen schwer. Obwohl die Teilnehmer/innen wissen, dass jedes Märchen – wie jedes Leben – Helferkräfte hat, dass Leben gar nicht geht ohne diese ständig aufmerksamen Liebesblicke, fällt es schwer, die Kräfte zu finden.
Am Beispiel des Märchens *Hänsel und Gretel* zeigen sich Unsicherheiten. Sind es die Steinchen, ist es das Vöglein, ist es das Stöckchen von Hänsel, sind es die Edelsteine oder ist es gar das Entlein? Die Teilnehmer/innen suchen, rätseln, überlegen, gehen das Märchen noch und nochmal durch, diskutieren, finden für das eine wie für das andere gute Argumente und wissen am Ende nicht mehr, für was sie sich entscheiden sollen. Dann gebe ich die Möglichkeit zu bedenken, dass es auch die Hexe sein könnte. »*Nein, diese sicher nicht!*«, sind sich alle einig. Ich lege dar, wa-

rum in meinem Bild von diesem Märchen, in meinem Berührtsein von dem Geschick der Kinder, die Hexe eine helfende Segensgestalt ist. Sie ist die Figur, die Gretel Kraft gibt, die sie zu sich selbst und in ihre Intuition führt und Hänsel ermöglicht, meditativ zu ruhen, in sich zu kehren. Die Hexe gibt sich hin, damit die Kinder aus ihrer Abhängigkeit und rollentypischen Polarität (das Männliche nimmt alles in die Hand, lenkt und leitet, während das Weibliche jammernd, passiv und ohnmächtig folgt) befreit werden. So wird deutlich, dass das Bild, das wir haben, und der Blick, mit dem wir Helferkräfte suchen, diese sichtbar machen.

Jeder findet seine Helferkräfte, so wie in jedem Leben so Unterschiedliches helfen kann. Jedes Märchen wie jedes Leben hat mehrere Helfer. Wir (und auch die Märchenfiguren) brauchen mehrere Anläufe (im Märchen sind es oft drei, im Leben sind es häufig viel, viel mehr), um unseren Weg weitergehen zu können. Die Helferkraft ist eine von außen gegebene Kraft, ein Impuls, der im Moment seiner Erscheinung (noch) nicht aus dem Innen kommen kann. Im Leben können es Zeitungsartikel sein, Plakatwände, eine unerwartete, nicht geplante Begegnung, ein Lichtspiel, ein Lächeln, eine Situation, der wir beiwohnen durften, oder aber ein Stein im Wald, eine Feder, ein gefallenes Nest, ein schönes Blatt, eine Wurzel, die da liegt wie eine schlafende Frau, ein Vogel, der gerade jetzt so schön singt … Sie wecken uns auf, sie geben uns ein Bild, einen Gedanken, eine Idee oder einen Einfall, manchmal ein Gefühl oder einen Impuls, vielleicht auch einen Traum. Im Märchen sind es goldene Kugeln, Schlüssel, Klänge, Tiere, der Mond, Gegenstände mit magischer Kraft, Zwerge, Wichtel, Feen, Gewässer, Früchte, die Impulse geben und das Geschick wenden. Es ist eine Kraft, die im richtigen Moment *passt*, uns erweitert, uns Zuversicht und Sicherheit gibt, die wir so entbehrt haben.

Mit dieser inneren Haltung werden die Teilnehmer/innen in die Zeit entlassen. Sie bekommen die Einladung, zu schreiben, zu malen, zu finden, zu lauschen, innezuhalten, um so wach zu werden für die Kräfte des Lebens.

Am Ende ist immer der Dank.

4 Nachwort und Dank

Und wenn sie nicht gestorben sind, dann leben sie noch heute.

Manchmal enden Märchen mit diesem Satz. Wenn dieser Satz nicht dort steht, dann endet das Märchen zumindest mit der Stimmung dieses Satzes. Es rundet sich. Anfang und Ende schließen sich als Kreis zusammen. Leben heißt dann, spiralig die nächste Ebene der Kreisumrundung zu erklimmen.

So ist das Leben in Zyklen zu Hause, nicht auf einer Linie (Vergangenheit, Gegenwart, Zukunft) wie wir es heute zu denken pflegen. Wenn wir biografisch ein Märchen durchwandert haben, wenn wir den Märchenweg als Lebensweg erkannt und unser Leben in Märchenschritten verstanden haben, dann sind wir nicht etwa dem Tode nahe, sondern bereit, die neue Umkreisung auf der nächsten Entwicklungsstufe zu beginnen. Das kann tröstend sein oder aber erschreckend.

Eine Klientin mit dem für sich gefundenen Märchen *Die sechs Schwäne* (KHM 49) fragte mich: »Oh, muss ich nun nochmals sechs Jahre schweigen?« Ich konnte sie trösten: »Auf der nächsten Entwicklungsstufe ist es dann vielleicht ein anderes Märchen. Wichtig ist, du gibst dich den sieben (Märchen-)Schritten des Lebens hin. Du erlebst sie doch täglich mehrmals. Jeder Gedanke, jedes Gefühl durchläuft diese Schritte und so eben auch jedes Leben, wieder und wieder.«

Das Leben annehmen, heißt auch, das Märchenhafte des Lebens mit all seinen Irrungen und Wirrungen, Einkehrphasen, Helfern und Prüfungen zuzulassen. Am Ende des Märchens wird gefeiert und gedankt. Umarmungen, Hochzeiten, Reigentänze, Häutungen, gemeinsames Essen sind Bilder des Dankes und der Erleichterung. Danken und Feiern sind Gesten der Verbundenheit und Gemeinschaft. Nach langen Zeiten der Einsamkeit, des Schweigens, des Ausharrens und der Prüfung, sind nun wieder Gemeinschaft, Nähe, Beisammensein spürbar.

Auch im Leben sind wir öfters einsam, abgetrennt von der Natur oder von spirituellen Kräften. Dann ist es tröstend, dass dies nur mehr oder weniger lange Phasen im Leben wie im Märchen sind. Wir sind immer in Gemeinschaft mit Menschen, Tieren oder Pflanzen, Landschaften und spirituellen Liebeskräften aufgehoben und lernen dies wieder zu spüren, zu fühlen und zu erleben. Hilfe und Geborgenheit stehen uns immer zur Verfügung.

Den Lebens- und Märchenweg zu gehen heißt, diese Begleitkräfte zu erkennen, zu spüren und sich in ihren Armen aufgehoben zu wissen. Dann können wir zuversichtlich den nächsten Kreisumlauf wagen. Wir durchwandern spiralförmige Märchenkreise oder Stufen (wie H. Hesse dies im gleichnamigen Gedicht beschreibt); in jedem Fall lernen wir, das Leben zu leben und die Märchen zu lieben, weil wir uns immer im Kreise des Sinnhaften aufgehoben wissen dürfen.

Der Dank ist eine wichtige und aus der Mode gekommene Geste. Ich höre häufig, wenn ich mich bei einer Gruppe für die Offenheit der Teilnehmenden bedanke: »Du musst dich doch nicht bedanken.« Da erlebe ich dann die Verzerrung, die diese Geste erfahren hat und den Grund für ihr Fehlen. Wir alle wurden zum Danken-Müssen erzogen. *»Wie sagt man?«*, bekamen wir drohend zugeflüstert, wenn uns jemand etwas schenkte. So lernten wir, dass wir danken *müssen*. Ein *Muss* zu überwinden heißt, den Inhalt zu unterlassen. *Ich danke nicht, also habe ich den Zwang überwunden*, könnten wir denken. Dass wir mit dieser Verirrung aber eine wichtige Geste der Anerkennung, des Innehaltens und des Gewahrens verlieren (*Ich habe etwas bekommen, das mir guttut. Ich möchte das mit meinem Dank ausgleichen!*), ist uns nicht bewusst. Wenn wir das Danken verlernen, geht uns verloren zu sehen, dass wir vom Leben beschenkt werden, dass wir in der Fülle der Gaben des Lebens immerwährend aufgehoben sind.

So möchte ich meinen Klientinnen und Klienten für ihr Vertrauen danken. Meinem Partner Gerhard danke ich für seine Begleitung und Geduld. Ein besonderer Dank geht an meinen Sohn, Leonidas Jakoby, der all meinen Märchen- und Mythenerzählungen immer wieder mit Offenheit und Wachsamkeit gelauscht hat. Ich danke auch den Brüdern

Grimm und all den anderen *Märchenlauschern*, die sich alte Märchen erzählen ließen und lassen und diese aufschrieben und noch immer schreiben, damit wir sie wieder aus dem Korsett der Buchseiten erzählend ins Leben befreien können. Zuletzt danke ich meiner lieben Freundin, Bärbel Hennl-Goll, die mir half, dass auch mein Buch für andere lesbar wird. So danke ich meinem Leben für seinen weisen, liebevollen und geschützten Lauf.

5 Literaturliste

Meyer, R., *tierisch gut*, 9. Aufl. 2014, S. 136

Hesse, H., *Die Gedichte*, 1977, S. 676

Bonin, F., *Märchensymbolik*, 2009, S. 32

Braden, G., *Verlorene Geheimnisse des Betens*, 9. Aufl. 2014, S. 91

Bonin, F., *Märchensymbolik*, 2009, S. 89

Wille, H. H., *Merkwürdige Nachricht von einem anderen Stern*, 1949, S. 9

Bonin, F., *Märchensymbolik*, 2009, S. 342

NahodylNeményi, A., *Was unsere Märchen bedeuten*, 2015, S. 171

Glaschke, S., *Von Krafttieren und Seelengefährten*, 2014, S. 71

Banzhaf, H., *Symbolik und Bedeutung der Zahlen*, 2. Aufl. 2006, S. 81

NahodylNeményi, A., *Was unsere Märchen bedeuten*, 2015, S. 173

NahodylNeményi, A., 2014, S. 174

NahodylNeményi, A., 2014, S. 180

Banzhaf, H., *Symbolik und Bedeutung der Zahlen*, 2. Aufl. 2006, S. 105

Goethe, J. W., *Faust*, 12. Aufl. 2011, S. 131

Margotsdotter-Fricke, D., *Die gute Mär*, 2008, S. 45

O'Neil, G. und G., Lowndes, *Der Lebenslauf*, F. 4. Aufl. 2014, S. 341

Virtue, D. und Reeves, R., *Schmerzfrei leben*, 2016, S. 164

Stark, R., 2. Aufl. 2012, S. 135

Meyer, R., *tierisch gut*, 9. Aufl. 2014, S. 272

Meyer, R., *tierisch gut*, 9. Aufl. 2014, S. 273

Reiter, L., *Symbole*, 7. Aufl. 2016, S. 174

Stark, R., *Heilen mit Seelencodes*, 2. Aufl. 2012, S. 137

Stark, R., *Heilen mit Seelencodes*, 2. Aufl. 2012, S. 134

Meyer, R., *tierisch gut*, 9. Aufl. 2014, S. 294

Bonin, F., *Heilung durch Märchen, 13 Bände*, 2004, Param Verlag, Prolog im Zauberwald

Bonin, F., *Heilung durch Märchen, 13 Bände*, 2004, Param Verlag, Prolog im Zauberwald

Nietzsche, F., *Zarathustra*

Storl, W.-D., *Schamanentum*, 5. Aufl. 2013, S. 135

Storl, W.-D., *Schamanentum*, 5. Aufl. 2013, S. 125

Brüder Grimm, *Kinder- und Hausmärchen Band 1 und 2*, 2016, Reclam